시편
사색

믿음이란
한 알의 밀알이 땅에 떨어져 죽음으로 많은 열매를 맺음과 같이
진리의 열매를 위하여 스스로 죽는 것을 뜻합니다.
눈으로 볼 수는 없으나 영원히 살아 있는 진리와
목숨을 맞바꾸는 자들을 우리는 믿는 이라고 부릅니다.
「믿음의 글들」은 평생, 혹은 가장 귀한 순간에
진리를 위하여 죽거나 죽기를 결단하는
참 믿는 이들의, 참 믿는 이들을 위한, 참 믿음의 글들입니다.

시편
사색

C. S. 루이스 지음

이종태 옮김

홍성사

Reflections on the Psalms

contents

■ **일러두기**
• 이 책의 성경 구절은 주로 개역개정판을 사용했으며, 원문에 있는 커버데일 역 성경의 의미를 살리기 위해 옮긴이가 그대로 번역한 부분은 별도 표기했습니다.
• 본문 가운데 [ ] 안의 내용은 옮긴이가 의미를 살리기 위해 덧붙인 것입니다.

1
들어가는 말

이 책은 학술서가 아닙니다. 저는 히브리학자도 고등비평가도 아니며, 고대사학자나 고고학자도 아닙니다. 이 책은 다만 비전문가가 비전문가들을 대상으로 쓴 것입니다. 이러한 책이 필요할 것이라고 생각한 이유가 있습니다. 공부를 하다가 의문점이 생겼을 경우, 선생님께 그 문제를 여쭈어 보기보다는 옆에 있는 친구에게 물어볼 때 더 잘 해결되는 경우가 자주 있습니다. 저마다 겪어 본 일이겠지만, 선생님께 여쭈어 보면 우리가 이미 알고 있는 이야기만 해 주시거나 다른 이야기를 잔뜩 늘어놓으실 뿐 정작 이해하고 싶은 부분을 정확히 짚어내 해결해 주시지 못할 때가 참 많습니다. 저는 이런 상황을 양쪽 모두의 입장에서 경험해 보았습니다. 대학 강단에서 학생들을 가르칠 때 학생들이 갖고 온 문제에 답을 해 주었는데, 그들의 얼굴 표정에서 과거 제가 선생님들에게서 겪었던 절망감을 읽게 되는 경우가 종종 있었습니다. 함께 배우는 학생이 선생님보다 더 도움이 될 수 있는 이유는 그 친구가 선생님보다 아는 게 적기 때문입니다. 우리가 친구에게 설명을 부탁하는 문제는 그도 최근에 고민해 본 문제입니다. 반면 전문가인 선생님은 그 문제를 너무 오래 전에 겪어서 이미 그 일에 대해 잊어버렸습니다. 게다가 지금은 그 주제 전체를 전혀 다른 시각으로 바라보기 때문에, 학생이 대체 뭘 어려워하는지 잘 이해하지 못합니다. 대신 선생님의 눈에는 그 학생이 마땅히 질문해야 함에도 불구하고 묻지 않는 다른 문제들이 보일 뿐입니다.

이 책은 아마추어로서 시편을 읽으며 경험했던 여러 어려움과 깨달음을 다른 아마추어 독자들과 나누고 싶은 마음으로, 저처럼 비전문가 독자들에게 흥미와 유익을 주고 싶은 마음으로 썼습니다. 따라서 저는 같은 학생으로서 '의견 교환'을 하려는 것이지 선생으로서 강의를 하려는 것이 아닙니다. 어떤 이들은 그저 시편을 재료 삼아 한 묶음의 잡문을 썼다고도 생각할 수 있겠습니다. 설령 제가 그런 식으로 책을 썼다 해도 별 문제가 되지 않는다고 생각하며, 그런 종류의 책으로 생각하고 이 책을 읽는 분들에게도 아무런 이의가 없습니다.

그러나 사실을 말씀드린다면, 이 책은 그런 책이 아닙니다. 여기에 담긴 사색들은 모두 시편과 만남을 통해 제게 일어난 상념들입니다. 읽으면서 즐거움을 느꼈던 시들, 처음에는 좋아할 수 없었던 시들과 만남을 통해 불러일으켜진 상념들 말입니다.

시편은 여러 시인들이 저마다 다른 시대에 쓴 글들입니다. 어떤 시들은 다윗 왕의 시대까지 거슬러 올라가기도 합니다. 시편 18편은 다윗이 직접 쓴 시라고 생각하는 학자들이 많다고 알고 있습니다(사무엘하 22장에 조금 다른 버전이 등장합니다).[1] 그러나 시편에 나오는 많은 시들은 '포로기'(바벨론 유수라고 부르는 게 옳겠습니다만) 이후에 쓰였습니다. 학술서라면 저작 연대를 먼저 다루어야겠지만, 이 책의 성격상 연대 문제에 대해서는 이 정도로도 충분하다고 봅니다.

그러나 처음부터 꼭 짚고 넘어가야 할 것이 있습니다. 시편은 시詩라는 사실, 그것도 노래로 부르기 위해 쓴 시라는 사실입니다. 시편은 교리서가 아니며 설교도 아닙니다. 성경을 '문학으로서' 읽어야 한다는 말을, 종종 그 주제에 유의하지 않고 읽어야 한다는 의미로 받아들이는 사람들이 있습니다. 하지만 이는 정치에 무관심한 채 에드먼드 버크Edmund Burke[2]를 읽거나 로마에 무관심한 채 《아이네이스Aeneid》[3]를 읽는다는 말처럼 순전히 난센스에

---

1) 사무엘하 22장은 다윗이 역경 가운데서 하나님께 구원받은 사실을 감사하는 노래로, 내용이나 저작 배경에서 몇 군데를 제외하고는 시편 18편에서 그대로 재현되고 있다. 이하 별도 표기가 없는 주는 모두 옮긴이 주.
2) 1729-1797. 영국의 정치가이자 사상가로서, 영국 보수주의의 대표적 이론가로 명성을 떨쳤다.

불과합니다. 성경은 결국 문학이기에 문학으로서 읽어야 한다는 말에는 그보다 더 건전한 의미가 담겨 있습니다. 즉, 성경은 여러 종류의 문학으로 구성되어 있어서 그에 맞게 읽어야 한다는 것입니다. 가장 두드러진 예가 시편입니다. 시편은 시로서 읽어야 합니다. 다른 서정시처럼 일정한 형식을 갖고 있으면서도 파격과 과장이 들어 있는, 논리적 연관성보다는 정서적 연관성을 갖고 있는 시로서 말입니다. 프랑스어는 프랑스어로서 읽혀야 하고 영어는 영어로서 읽혀야 하듯이, 시를 이해하려면 우선 그것을 시로서 읽어야 합니다. 그렇지 않으면 그 속에 들어 있는 것은 놓치고, 없는 것을 있는 것처럼 착각하게 됩니다.

시편의 가장 주된 형식적 특징, 가장 두드러진 문장 양식은 다행히 번역을 해도 그대로 살아 남습니다. 제가 무엇을 말하려는지 아마 독자들도 잘 아실 것입니다. 학자들이 '평행법parallelism'이라고 부르는 것으로, 같은 이야기를 다른 단어로 반복해 말하는 방식입니다. 시편 2편 4절이 그 좋은 예입니다.

"하늘에 계신 이가 웃으심이여; 주께서 그들을 비웃으시리로다."

37편 6절도 그렇습니다.

---

3) 고대 로마의 시인 베르길리우스의 미완성 장편 서사시. '아이네아스의 노래'라는 뜻의 이 작품은 로마의 전설적인 건국 시조인 아이네아스가 트로이 멸망 후 대로마의 터전을 찾아가기까지 경험하는 고난과 사건, 사랑 등을 다루고 있다.

"네 의를 빛같이 나타내시며; 네 공의를 정오의 빛같이 하시리로다."

이것이 문장 양식이라는 사실을 모르는 사람은 (예전의 설교자들처럼) 그 절의 전반부와 후반부에서 각기 다른 의미를 찾기 위해 기발하고도 엉뚱한 해석을 하거나, 그런 식의 표현을 그저 우스꽝스럽게 여기고 지나칠 것입니다.

사실 평행법은 모든 양식과 예술에 통용되는 더없이 좋은 예입니다. 누군가 예술의 원리를 '같은 것을 다른 식으로'라고 정의한 바 있습니다. 포크댄스를 출 때 여러분은 먼저 세 스텝을 가고 다시 또 세 스텝을 갑니다. 이것은 '같은 것'입니다. 그런데 처음 세 스텝은 오른쪽으로 가고, 나중 세 스텝은 왼쪽으로 갑니다. 이것은 '다른 식으로'입니다. 건축물에도 오른쪽과 왼쪽 방향으로 똑같은 날개 부분이 있습니다. 음악에서도 작곡가는 먼저 'ABC'를 말하고, 그 후에 'abc'를 말하고, 그 후에 '$\alpha\beta\gamma$'를 말합니다. 시의 운 rhyme도 서로 다른 첫 자음들을 제외하고는 동일한 음을 가진 두 개의 음절을 한데 모아 놓은 것입니다. 평행법은 이렇듯 같은 것을 다른 식으로 표현하는 독특한 히브리어 문학 형식으로, 영시에서도 적잖이 나타납니다. 한 예로 말로Christopher Marlowe의 시에 이런 구절이 있습니다.

올곧게 자란 그 나뭇가지가 잘려졌네

아폴로의 월계수 가지가 불탔음이여

Cut is the branch that might have grown full straight

And burned is Apollo's laurel bough,

〈체리나무 캐럴Cherry Tree Carol〉의 다음과 같은 구절에서는
매우 간단한 형태로 나타나기도 합니다.

요셉은 노인, 노인은 요셉

Joseph was an old man and an old man was he.

물론 평행법은 의도적으로 일부가 감추어진 형태로 나타나기도
합니다(그림에서 사물들 사이의 균형은 완벽한 대칭보다 훨씬 미묘한 무
엇이듯이). 그런가 하면 시편 119편이나 후렴이 딸린 107편처럼 훨
씬 더 복잡한 형태로 나타나기도 합니다. 여기서 말하고자 하는 것
은 가장 기본적인 형태의 평행법입니다. 모든 언어로 번역되어야
하는 성경의 시가 지닌 주된 형식적 특징이 (운율과 달리) 번역에서
도 사라지지 않는다는 사실은 (보는 관점에 따라) 기가 막히게 좋은
운運이거나 하나님의 지혜로운 섭리거나 둘 중의 하나입니다.

시를 음미할 줄 아는 사람이라면 시편의 이러한 특징을 즐길 수
있을 것입니다. 그렇지 못한 사람이라고 해도 그리스도인이라면
적어도 시편의 언어적 특징에 대해 정중한 태도를 가져야 할 것입

니다. 왜냐하면 우리 주님도 히브리 시의 전통에 젖어 있던 분으로서, 그런 특징을 즐겨 사용하셨기 때문입니다.

"너희가 비판하는 그 비판으로 너희가 비판을 받을 것이요; 너희가 헤아리는 그 헤아림으로 너희가 헤아림을 받을 것이니라"(마 7:2).

이 말씀의 후반부는 전반부에 대해 논리적인 설명을 덧붙이고 있는 것이 아닙니다. 변주를 통해 전반부를 되울리게 해 주고 있을 뿐입니다.

"구하라 그리하면 너희에게 주실 것이요; 찾으라 그리하면 찾아낼 것이요; 문을 두드리라 그리하면 너희에게 열릴 것이니"(마 7:7).

여기서도 예수께서 하고자 하신 말씀은 이미 첫째 구에서 주어졌고, 다른 이미지들을 통해 두 번 반복되고 있습니다. 예수께서는 실제적이고 교훈적인 목적을 위해 이러한 방식을 사용하신 것으로 보입니다. 즉, 주님은 꼭 기억해야 하는 진리, 가치가 무한한 진리들을 잊지 않게 하기 위해 리듬감 있고 주문 같은 표현 방식을 사용하신 것입니다.

그런데 저는 여기에 그 이상의 무언가가 있다고 생각합니다. 태초에 자신의 즐거움을 위해, 사람과 천사와 (고유한 방식에 따른) 동물들의 즐거움을 위해, 이 자연세계 전체를 발명하고 형성해 낸 그 위대한 상상력이 인간의 언어로 자신을 표현하고자 했을 때 그

언어가 때로 시로 나타나는 것은 제가 보기에는 알맞은, 아니 가히 필연적인 일입니다. 왜냐하면 시란 보이지 않고 들리지 않던 것에 몸을 주는, 하나의 작은 성육신이기 때문입니다.

또한 여기서 주님이 인간의 몸을 입었을 때 유전과 유년 시절이라는 환경의 멍에도 달게 메셨다는 사실을 기억해도 좋을 것입니다. 인간적으로 말하면, 주님은 이러한 문장 양식을 다른 사람들에게 배운 것이 아니라면 어머니에게서 배우셨을 것입니다(그분을 주제로 한 시들을 들으며).

"우리 원수에게서와 우리를 미워하는 모든 자의 손에서 구원하시는 일이라; 우리 조상을 긍휼히 여기시며 그 거룩한 언약을 기억하셨으니."[4]

여기서도 같은 평행법이 등장합니다. (부수적인 이야기지만, 주님의 인성을 말할 때 '마리아의 아들'이라고 할 수 있는 또 다른 측면은 없을까요? '마리아의 찬가Magnificat'[5]를 보면, 마리아에게는 부드러운 면모와 더불어 가히 드보라를 연상하게 할 정도로 매서운 면모—대부분의 마리아 그림들에서는 제대로 표현되어 있지 않지만—도 있었음을 알 수 있습니다. 말씀 중에 곧잘 매서운 면을 보이셨던 주님의 모습은 마리아의 그런 면모와 아주 잘 들어맞습니다. 저는 주님의 가정이 여러 면에

---

4) 누가복음 1장 71-72절.
5) 누가복음 1장 46-55절에 기록된 내용을 가리키는 것으로, 엘리사벳이 임신을 한 마리아에게 축복의 말을 건네자 이에 화답한 찬송시다.

서 '조용하고' '온화한' 곳이었을 거라고 확신하지만, 일부 찬송가 작사가들이 떠올리는 가정의 모습은 아니었을 거라고 생각합니다. 경우에 따라 분명 매서운 말도 오갔을 것입니다. 예루살렘 사람들이 투박하게 느꼈던 북부 지방 사투리로 말입니다.)

물론 저는 아마추어로서 '주제 전체를 다루려는' 시도는 하지 않았습니다. 평소 관심을 갖고 있던 분야에 따라 강조한 주제가 있는가 하면 건너뛴 주제도 있습니다. 별다른 의미를 느끼지 못한 시들이고, 그다지 주석이 필요한 시들도 아니어서 저는 긴 역사 시편들historical Psalms은 전혀 다루지 않았습니다. 또 시편 연구에서 큰 주제이기는 하나 제게는 그렇지 않아서 다양한 '예배'에 사용된 시편들의 역사에 대해서도 최소한으로 다루었습니다. 일단 처음 읽을 때 거부감을 주는 시편들을 골라 먼저 다루었습니다. 제 나이 정도 되는 독자라면 그 이유를 짐작하실 것입니다. 우리 세대는 접시에 놓인 음식은 하나라도 남기지 말아야 한다는 교육을 받으며 자랐습니다. 맛없는 음식을 먼저 먹고, 그 다음에 맛있는 음식을 먹는 것이 어린 시절 미식법의 대원칙이었습니다.

저는 주로 영국성공회 기도서the Book of Common prayer에 나오는 커버데일Coverdale 역 성경을 사용했습니다. 과거의 성경들과 비교해도 커버데일 역은 가장 정확한 번역은 아닐뿐더러 현대의 웬만한 성경학자들은 그보다 월등한 히브리어 지식을 갖추고 있습니다. 하지만 제가 아는 한, 문체의 아름다움과 시적 감흥을 불러일으키는 표현력만큼은 위대한 라틴어 번역가인 성 제롬St. Jerome⁶⁾과 함께 그를 따라갈 자가 없습니다. 저는 항상 모패트 Moffatt 박사의 번역을 가지고 그의 번역을 점검했으며 때로는 수정하여 사용했습니다.

마지막으로, 독자들도 곧 알게 되겠지만 이 책은 소위 말하는 '변증서'는 아닙니다. 이 책 어디에서도 저는 비그리스도인들에게 기독교의 진리를 납득시키려 하지 않았습니다. 저는 이미 하나님을 믿고 있는 분들과, 책을 읽는 동안만이라도 잠시 자신의 '불신앙을 접어 둘' 준비가 되어 있는 분들을 대상으로 이 책을 썼습니다. 인간은 늘 진리에 대해 변호만 하고 살 수는 없습니다. 진리를 양식으로 먹는 시간도 있어야 합니다.

영국성공회에 소속되어 있는 신자로서 이 책을 썼지만, 가능한 한 교파 간에 논쟁이 되고 있는 문제들은 피하려고 애썼습니다. 비록 한 문제에 관해서는 제가 로마 가톨릭 교회와 근본주의자들 Fundamentalists 양쪽 모두와 생각이 다르다는 점을 분명히 밝힐 수밖에 없었습니다만, 그로 인해 양쪽 어디에서도 선의나 기도를 잃어버리는 일이 없기를 바랍니다. 아니, 실은 그다지 크게 걱정하지는 않습니다. 그동안의 경험으로 볼 때, 가장 혹독한 비판을 퍼

---

6) 347-420. 라틴 교부敎父이자 성경학자로서, 《불가타Vulgate》라는 라틴어 성경 번역자로 유명하다. 원명은 히에로니무스Eusebius Hieronymus이며 제롬Jerome은 영어식 이름이다.

부어 오는 쪽은 로마 가톨릭 교회나 근본주의자들이 아니며 다른 철두철미한 신자들도 아니고 심지어 무신론자들도 아닌, 온갖 유형의 어중간한 신자들이 대부분이기 때문입니다. 그러한 개화되고 진보적인 인사들의 호전적인 태도는 그 어떤 예의로도 무마할 수 없고 그 어떤 겸손으로도 누그러뜨릴 수 없습니다. 그러나 저 역시 분명 제가 알고 있는 것 이상으로 훨씬 호전적인 사람일 것입니다. (아마 연옥에서는 우리 자신의 얼굴과 목소리를 있는 그대로 보고 듣게 되지 않을까요?)

2
시편이 말하는 '심판'

그리스도인들을 두려워 떨게 만드는 것이 하나 있는데, 바로 하나님의 '심판'에 대한 생각입니다. '심판의 날'은 '진노의 날, 두려운 날'이기 때문입니다. 우리는 하나님께 '죽음의 시간과 심판의 날에' 우리를 구해 주시기를 기도합니다. 수세기에 걸쳐 기독교 예술과 문학은 그날의 공포를 묘사해 왔습니다.

기독교의 이런 측면은 우리 주님의 가르침에서도 찾아볼 수 있는데, 특히 양과 염소에 관한 비유[7] 말씀이 그것입니다. 그 무서운 말씀은 누구의 양심도 편하게 놔두지 않습니다. 왜냐하면 '염소'

---

7) 마태복음 25장 31-46절 참조. 양과 염소를 가르듯 모든 민족을 가르는 최후 심판에 관한 기록이다.

는 전적으로 뭔가를 하지 않아 정죄를 받은 것이기 때문입니다. 즉, 가장 무거운 징계는 우리가 행한 어떤 일에 대해서가 아니라, 결코 행하지 않은—어쩌면 행할 생각조차 해 본 적이 없는—어떤 일에 대해 내려진다는 점을 분명히 말해 주는 것 같습니다.

따라서 저는 하나님의 심판에 대한 시편의 말씀을 처음 접했을 때 크게 놀라지 않을 수 없었습니다. 시편 기자는 이렇게 말합니다.

"온 백성은 기쁘고 즐겁게 노래할지니 주는 민족들을 공평히 심판하시며 땅 위의 나라들을 다스리실 것임이니이다"(67:4).

"밭과…… 숲의 모든 나무들이 여호와 앞에서 즐거이 노래하리니 그가 임하시되 땅을 심판하러 임하실 것임이라"(96:12-13).

시편에서 심판은 온 우주가 즐거워하는 날입니다. 사람들은 그 날을 고대합니다.

"여호와 나의 하나님이여 주의 공의대로 나를 판단(심판)하사……"(35:24).

그 이유가 무엇인지는 쉽게 알 수 있습니다. 고대 유대인들은 하나님의 심판을 생각할 때 우리의 생각과 마찬가지로 땅 위에 있는 법정의 모습을 떠올렸습니다. 차이점이 있다면, 그리스도인들은 그 법정을 자신이 피고석에 앉아 있는 형사재판으로 그리는 반면, 유대인들은 자신이 원고로 앉아 있는 민사재판으로 그린다는 점입니다. 전자가 바라는 것은 무죄 방면이나 사면이지만, 후자가 바라는 것은 커다란 손해배상을 받아 내는 완전 승소입니다. 그러므로 그들은 "나를 공판하시며 나의 송사를 다스리소서"(35:23)라고 기도하는 것입니다. 그런데 조금 전에 언급했듯이 우리 주님은 양과 염소의 비유 말씀에서는 기독교적 특징을 보여 주는 그림을 그려 주셨지만, 다른 곳에서는 대단히 유대적인 특징도 보여 주셨습니다.

가령 그분이 말씀하신 '불의한 재판관'에 대해 생각해 보십시오. 대부분의 사람들은 '불의한 재판관'이라는 말을 들으면 제프레이스 판사Judge Jeffreys[8]나 나치 정권에 봉사했던 판사 등을 떠올릴 것입니다. 즉, 증인이나 배심원을 협박해 무죄한 사람에게 유죄 선고를 내린 뒤 무자비하게 처형하는 인물 말입니다. 결국 여기서도 우리는 형사재판을 떠올리는 것입니다. 그러나 비유 말씀에 나오는 불의한 재판관은 전혀 성격이 다릅니다. 그의 법정은 우리가 강제로 들어가게 될 위험이 전혀 없는 곳입니다. 오히려 문제는 정반대로 그의 법정에 들어가기 어렵다는 것입니다. 이는 분명 민사소송에 대한 이야기입니다. 얼마 안 되는 땅에서 돼지도 키우고 닭도 키우던 가난한 여인(눅 18:1-5)은 돈 많고 힘 있는 이웃(오늘날로 말하면 도시 개발업자 혹은 그와 같은 일을 하는 조직)에게 땅을 빼앗겼습니다. 그녀는 자신이 소송을 제기하면 반드시 이길 것이라고 확신했습니다. 법정에 들어가 국법에 따라 심리만 받을 수 있

---

8) 1648-1689. 부당하고 가혹한 형을 언도한 것으로 유명한 영국 법관.

다면, 그녀는 분명 그 땅을 되찾을 수 있었습니다. 그러나 문제는 아무도 그녀의 말에 귀 기울여 주지 않았고, 그녀가 재판을 받을 수 있도록 도와 주지 않았다는 데 있습니다. 그녀가 '심판, 즉 재판'을 간절히 원했던 것은 매우 당연한 일입니다.

이런 이야기 뒤에는 인류의 오래된 보편적 경험이 놓여 있습니다. 어느 시대, 어느 장소를 막론하고 힘없는 사람들의 사정은 받아들여지기가 대단히 어려웠습니다. 재판관에게(아랫사람 한두 명 정도 더 포함해) 뇌물을 주어야 재판을 받을 수 있었습니다. 뇌물을 건넬 형편이 못 되는 사람은 아예 생각조차 할 수 없었습니다. 지금 우리의 판사들은 뇌물을 받지 않지만 말입니다(우리는 이런 복을 너무 당연하게 생각하는 것 같습니다. 지속적인 노력 없이는 결코 유지될 수 없는 복인데도 말입니다). 그러므로 시편과 예언서들이 심판에 대한 기대로 가득하고, '심판'의 날이 오고 있다는 말씀을 기쁜 소식으로 여기는 것에 대해 놀랄 필요가 없습니다. 그날은 부당하게 재산을 강탈당한 수백만, 수천만 사람들의 억울한 사연이 마침내 받아들여지는 날이기 때문입니다. 그들이 심판을 두려워하지 않는 것은 당연합니다. 그들은 자신들의 승소를 확신하기 때문입니다. 일단 고소장이 수리되기만 하면 그들은 반드시 승소할 수밖에 없습니다. 하나님의 심판 날은 바로 그런 날입니다.

시편에는 이 점을 분명하게 뒷받침해 주는 구절이 여러 군데 있습니다. 시편 9편에 따르면 하나님은 "정직으로 만민에게 판결을 내리"실 것인데(8절), 왜냐하면 그분은 "가난한 자의 부르짖음을 잊지 아니하시"는 분이기 때문입니다(12절). 하나님은 "과부의 재판장"이십니다(68:5). 시편 72편 2절에 나오는 선한 왕은 백성을 바르게 '재판'(심판)하는, "가난한 자를 정의로 재판"하는 왕입니다. 하나님은 "심판하러 일어나"실 때 "땅의 모든 온유한 자"들(76:9), 즉 억울한 일을 당한 약하고 힘없는 모든 사람들을 구원해 주실 것입니다. 하나님은 땅 위의 재판관들에게 "불공평한 판단(재판)"을 했다고 추궁하신 뒤 가난한 자를 위하여 판단하라고 말씀하십니다(82:2-3).

이처럼 '의로운' 재판관이란 주로 민사재판에서 정의롭게 판결하는 자를 말합니다. 물론 의로운 재판관은 형사재판을 맡았다 해도 정의에 따라 판결하겠지만, 시편 기자들의 생각은 거의 전적으로 민사소송에 집중되어 있습니다. 우리 그리스도인들은 하나님께 정의 대신 자비를 구하지만 그들은 하나님께 불의 대신 정의를 구합니다. 그들에게 재판장이신 하나님은 수호자이자 구원자이십니다. 학자들에 따르면 '사사기'에서 우리가 '사사들judges'이라고 번역하는 말은 '투사들champions'로 번역해도 거의 무방하다고 합니다. 왜냐하면 이들 '사사들'은 당시 사법관의 역할을 하기도 했지만, 주로 블레셋 사람 같은 사방의 적들에게 핍박받는 이스라엘 사람들을 무력으로 구출해 내는 일을 담당했기 때문입니다. 그들은 법복을 입은 오늘날의 판사보다는 거인 잡는 용사 잭Jack the Giant Killer[9]에 더 가까운 인물들입니다. 거인 같은 압제자들로부터 숙녀나 미망인들을 구출해 내는, 중세 기사 이야기에 나오는 기사들은 고대 히브리적인 의미에서 '사사들'이라고 부를 수 있습니다. 오늘날 억울한 일을 당한 가난한 의뢰인을 위해 무보수로 일하는 변호사들도(저는 그러한 분들을 알고 있습니다) 마찬가지입니다.

저는 우리의 영혼을 위해 하나님의 심판에 대한 기독교적 그림을 유대적인 그림보다 훨씬 심오하고 안전한 것으로 여겨야 하는 충분한 이유가 있다고 생각합니다. 그렇다고 해서 유대적인 개념은 무조건 버려야 한다는 뜻은 아닙니다. 적어도 저는 거기서 결코 적잖은 영양분을 얻어 낼 수 있다고 믿습니다.

유대적인 그림은 한 가지 중요한 측면에서 기독교적인 그림을 보완해 줍니다. 기독교적 그림에서 우리를 오싹하게 만드는 것은 우리의 행위를 판단하는 기준의 완전 무결성입니다. 그 기준 앞에서 모든 사람은 자격 미달입니다. 다시 말해 우리 모두는 한 배에 탄 사람들입니다. 우리는 너나 할 것 없이 자신의 선이 아니라 오직 하나님의 자비와 그리스도의 공로에만 소망을 두어야 합니다. 그런데 하나님의 심판을 민사재판으로 묘사하는 유대적 그림이 극명하게 일깨워 주는 것은, 우리의 행위가 단순히 하나님의 기준

---

9) 영국 동화에 나오는 주인공.

에 미달될 뿐 아니라(이는 당연합니다) 상식적인 사람이라면 누구나 인정하고 서로 지켜야 하는 지극히 인간적인 기준에도 미달된다는 사실입니다. 이를 뒷받침해 주는 것으로 우리에게는 누구나 이행하지 못한 의무들, 곧 인간에 대한 의무들이 있습니다. 고용주와 고용인, 남편과 아내, 부모와 자녀, 라이벌이나 동료 관계에서 언제나 정직하고 공정했다고(자비롭거나 관대했는지 여부는 제쳐두고라도) 진정으로 말할 수 있는 사람이 누가 있겠습니까? 물론 우리는 우리가 끼친 해악들에 대해서는 대부분 잊어버립니다. 그러나 해를 입은 사람은, 용서한다 해도 결코 잊지는 않습니다. 하나님도 잊지 않으십니다. 당장 기억할 수 있는 일들만 떠올려 보아도 우리가 잘못한 일들은 너무 많습니다. 자기 학생이나 환자나 의뢰인들(그 밖에 온갖 이름의 우리의 '소비자들')에게 마땅히 제공해야 하는 서비스를 늘 충분히 제공해 주었던 사람은 거의 없습니다. 우리는 공평하게 분담해야 할 짐을 동료를 꾀어 더 무거운 쪽을 들게 한 적도 많았습니다.

말다툼의 경우는 그리스도인과 유대인의 개념이 서로 어떻게 다른지를—물론 두 개념 모두를 유념해야 하지만—보여 주는 좋은 예입니다. 그리스도인이라면 당연히 그 토론을 말다툼으로 만든 우리의 성냄과 악의와 아집에 대해 회개해야 합니다. 그러나 이보다 훨씬 낮은 차원에서 제기되는 또 다른 질문이 하나 있습니다. 바로 "그래, 일단 다툼은 벌어진 일이다. 그렇다면 당신은 그 다툼에서 과연 공정하게 싸웠는가?" 하는 것입니다. 혹시 문제를 알게 모르게 완전히 왜곡한 것은 아닙니까? 화가 난 진짜 이유는 다른 데 있는데 차마 드러내 놓고 말하기 어려워 마치 다른 이유로 화가 난 척하지는 않았습니까? 사실은 시기심, 채워지지 않는 허영심, 뒤틀린 아집이 진짜 문제인데도, 마치 섬세하고 예민한 성격이라 쉽게 마음에 '상처를 입은' 것처럼 행동하지는 않았습니까?

그러한 전략은 성공할 때가 많습니다. 상대편은 주장을 그만둡니다. 우리의 속사정을 몰라서가 아니라 그간의 경험을 통해 너무 잘 알고 있기 때문입니다. 공연히 긁어 부스럼을 만들었다가는, 치부를 들추어냈다가는 우리와 관계가 완전히 끝장날 수도 있음을 잘 알기 때문입니다. 그들은, 우리의 문제는 수술이 필요하지만 우리가 절대 그 수술을 받으려 하지 않는다는 사실을 잘 알고 있습니다. 그래서 부정한 방법을 통해 우리가 이기는 것입니다. 그러나 이는 당하는 쪽에서는 몹시 부당한 상황입니다. 소위 '예민한 성격'은 가정에서는 가장 강력한 무기입니다. 때로는 평생 폭군이 되게 할 수도 있습니다. 그러한 무기를 갖고 있는 사람을 어떻게 다루어야 하는지 저는 잘 모릅니다. 하지만 우리 자신 안에서 그것이 발견될 때는 처음부터 가차 없이 다루어야 합니다.

시편에는 '가난한 자'를 압제하는 자들에 대한 항거의 목소리가 끊임없이 등장합니다. 언뜻 오늘날의 사회와는 관련이 없는 이야기로 생각할 수도 있지만, 그것은 피상적인 시각입니다. 변한 것이 있다면 '가난한 자'의 신원일 뿐 압제라는 현실 자체는 그때나 지금이나 여전하다고 보아야 할 것입니다. 지금도 이런 일은 종종 일어납니다. 얼마 전에도 제가 아는 어떤 사람이 소득세 청구서를 놓고 세무서 직원에게 의문을 제기했습니다. 그러자 세금 청구액이 거의 절반으로 줄어들어 되돌아왔습니다. 제가 아는 어떤 변호사는 세무서를 찾아가 "대체 처음 청구한 액수는 어떻게 된 것이냐"고 따진 일도 있습니다. 그러자 담당 직원이 킥킥 웃으며 "뭐, 술수를 좀 부려 본 건데 해 될 것은 없지요"라고 말하더랍니다.

세상 물정에 밝고 스스로를 보호할 줄 아는 사람들을 대상으로 속임수가 행해질 때는 아마도 큰 해가 없을 것입니다. 그저 시간이 조금 낭비되고, 속임수가 용인되는 사회에서 살고 있다는 데 약간의 수치심을 느끼는 것이 전부입니다. 그러나 그 세리 양반이 그런 부당한 세금 청구서를 거의 반쯤 굶고 사는 한 가난한 과부에게 보냈다고 한다면 사정은 전혀 달라질 것입니다. 그 과부는 '불로소득'이라고 해서 이미 높은 세금을 내고 있는데다가(사실 남편이 수년간 고생해서 남긴 돈이었음에도 불구하고), 인플레이션으로 인해 그 돈도 거의 휴지조각이 되어 버린 상태입니다. 그녀에게는 법적인 도움을 청할 돈이 없습니다. 또 그녀는 세상 물정에 밝지 못해 상황을 제대로 이해하지도 못합니다. 그저 두려운 마음에 청구된 세금을 그대로 지불합니다. 안 그래도 턱없이 부족한 식사량과 연료마저 줄이면서 말입니다. 그녀에게 성공적으로 '술수를 부린'

그 세리는 바로 "교만하여 가련한 자를 심히 압박"하는 "악한 자"입니다(10:2). 물론 그는 자신에게 떨어질 배당금을 위해 술수를 부렸던 고대의 세리와는 다릅니다. 그는 다만 상사에게 잘 보이거나 승진을 하기 위해 부당한 일을 꾸민 것입니다. 둘 사이에는 차이가 있습니다. 하지만 그 차이가 고아와 과부의 원수를 갚아 주시는 분의 눈에 얼마나 큰 것인지 저는 모릅니다. 그 세리는 죽음의 순간에 이 문제를 떠올릴 것이고, '심판'의 날에 그 답이 무엇인지를 깨닫게 될 것입니다. (어쩌면—누가 알겠습니까?—지금 저는 그 세리들을 부당하게 평가하고 있는 것인지도 모릅니다. 아마 그들은 자신의 일을 하나의 스포츠로 여기고 나름대로 게임의 법칙을 지키는 사람들인지도 모릅니다. 사냥꾼들이 앉아 있는 새는 쏘지 않듯, 그들도 자신을 방어할 수 있고 반격할 수 있는 사람들에게만 불법 청구서를 보내고, 힘없는 사람들에게는 '술수를 부려 볼' 생각을 아예 하지 않을 수도 있습니다. 만일 그렇다면 저의 잘못된 생각에 대해 사과해야 할 것입니다. 그러나 제 말이 현재 그들에 대한 비난으로서는 정당하지 못하다 해도, 그들의 미래 모습에 대한 하나의 경고로서는 여전히 유용할 것입니다. 왜냐하면 거짓은 기질로 굳어지게 마련이니까요.)

우리는 지금 심판에 대한 유대적인 개념(민사재판)에서 그리스도인들이 얻을 수 있는 교훈에 대해 살펴보고 있습니다. 여러분도 알아채셨겠지만 저는 저 자신을 그 재판의 고소인이 아닌 피고로 상정했습니다. 그러나 시편 기자들은 그렇지 않습니다. 그들은 자신들이 부당한 일을 당했다고 생각하고, 그 일이 바로잡히기를 바라는 마음에서 '심판'을 고대합니다. 물론 기독교적인 겸손에 가깝고, 현명하게도 자부심과는 거리가 먼 구절들도 있습니다. (최고의 시 중 하나인) 시편 50편에서는 하나님이 고소인으로 등장합니다 (6-21절). 또 143편 2절은 대부분의 그리스도인들이 자주 암송하는 구절로, "주의 종에게 심판을 행하지 마소서 주의 눈앞에는 의로운 인생이 하나도 없나이다"라고 합니다. 그러나 이런 구절들은 예외적인 것이며, 대부분의 경우 시편 기자는 성난 고소인으로 나타납니다.

분명 시편 기자는 자기 손은 깨끗하다고 확신하고 있습니다. 그는 다른 사람들이 자신에게 행하는 흉악한 짓들을 자신은 결코 그들에게 행하지 않았다고 생각합니다. 그는 이렇게 기도합니다 (7:3-5).

" '내가 이런 일을 행하였거든'—만일 내가 누구누구와 같은 그런 일을 한 적이 있다면— '내 생명을 땅에 짓밟게' 하소서."

자신은 결코 그런 일을 한 적이 없다고 확신합니다. 지금 나의 원수들은 내게 앙갚음을 하고 있는 것이 아닙니다. 나는 그들에게 나쁜 짓을 하지 않았습니다. 그들은 '선을 악으로' 갚는 자들입니다. 그럼에도 나는 여전히 그들에게 최대한 자비를 베풀었습니다. 그들이 병들었을 때 그들을 위해 금식하며 기도도 했습니다 (35:12-14).

이런 생각에는 물론 영적 위험이 도사리고 있습니다. 이는 주님이 그토록 준엄하게 꾸짖으신 유대교 특유의 자기 의self-righteousness로 이어집니다. 이에 대해서는 나중에 다룰 것입니다. 여기서는 먼저 한 가지 중요한 문제를 짚고 넘어가야 합니다. '내가 옳다I am in the right' 라는 확신과 '나는 의로운righteous 사람, 선한 사람이다' 라는 확신은 구별해야 한다는 것입니다. 우리 중 누구도 의로운 사람은 없기에 두 번째 확신은 언제나 망상에 불과합니다.

그러나 우리는 특정한 상황, 특정한 문제에서는 옳았던 적이 있습니다. 사안에 따라 두 사람 중 더 나쁜 사람이 옳은 사람이 될 수도 있는 것입니다. 이는 사람의 일반적인 인격과는 아무 상관 없는 문제이기 때문입니다. 토미와 찰스가 서로 자기 것이라고 다투는 펜이 누구의 것인가 하는 문제는, 두 아이 중 누가 더 착한 아이인가 하는 문제와 별개의 사안입니다. 후자에 대한 평소의 생각대로 전자의 문제를 결정하는 부모들은 대단히 불공정한 판단을 내리는 것입니다. (만일 토미의 부모가 토미에게 "본래 누구의 것이든 찰스가 갖도록 양보하거라. 그러면 네가 착한 아이라는 걸 증명할 수 있잖니?" 하고 권유한다면, 더욱 나쁜 결과를 초래할 것입니다. 왜냐하면 그 말이 옳은 말일 수는 있으나 상황에 적절한 말은 아니기 때문입니다. 정의를 무시하면서 자선을 권고해서는 안 됩니다. 그렇게 하다가는 토미에게 자선이란 도둑질을 묵과하거나 편애를 덮기 위한 위선적인 술책이라는 확신을 평생토록 심어 줄 수 있습니다.) 따라서 우리는 시편 기자들이 특정한 순간에 특정한 적들에 대해 자신은 완전히 옳다고 주장할 때, 꼭 그들이 잘못 생각하고 있다거나 거짓말을 하고 있다고 생각할 필요가 전혀 없습니다. 그들의 어투는 우리의 귀에 거슬릴 수도 있고, 때로 정나미가 떨어질 수도 있습니다. 하지만 이는 다른 문제입니다. 더욱이 부당한 일을 당하면 인간은 대체로 넉넉한 마음을 잃어버리기 쉽습니다.

하지만 '내가 옳다'라는 생각은 '나는 의롭다'라는 생각으로 넘어가기가 너무 쉽습니다. 그러한 변화는 앞에서 인용한 시편 7편에서도 나타납니다. 3-5절까지만 보면 시인은 단순히 옳은 사람에 불과합니다. 그러나 8절에 이르러 그는 이렇게 말합니다.

"여호와께서 만민에게 심판을 행하시오니 여호와여 나의 의와 나의 성실함을 따라 나를 심판하소서."

시편에는 이보다 훨씬 더 심각한 혼동도 자주 등장하는데, 바로 정의에 대한 갈망과 복수에 대한 갈망의 혼동이 그것입니다. 이는 중요한 주제들이므로 각각 따로 다룰 것입니다. 자기 의를 주장하는 문제는 일단 나중으로 미루고 먼저 복수와 저주를 말하는 시편들에 대해 살펴보려고 합니다. 현대의 교인들이 시편을 멀리하게 된 이유를 바로 그런 시편들에서 찾을 수 있기 때문입니다. 우리 주님이 절대로 용납하지 않으셨던 욕망―복수심―으로 들끓는 시들을 목회자들이 교인들에게 제시하기를 꺼리는 것도 이해할 만합니다. 그러나 그런 시들도 분명 우리가 기독교적으로 활용할 수 있는 길이 있을 것입니다. 적어도 성경 전체가 어떤 의미에서—비록 모든 부분이 동일한 의미에서 그런 것은 아니지만—하나님의 말씀이라고 믿고 있다면 말입니다. (제가 말하는 '어떤 의미'가 무엇인지에 대해서는 나중에 설명할 것입니다.)

3
저주

어떤 시편은 마치 용광로에서 나오는 뜨거운 열기처럼 무시무시한 증오심을 우리의 얼굴을 향해 뿜어 댑니다. 그런가 하면 증오심이 가득 담겨 있지만, 그 표현이 (현대인의 눈에) 희극적으로 보일 정도로 거의 단순해 무시무시한 맛을 잃어버린 시편도 있습니다.

전자의 예는 시편 전체에서 두루 찾아볼 수 있는데, 최악의 것은 아마 109편일 것입니다. 거기서 시인은 자신의 원수가 다른 악인의 다스림을 받게 해 달라고, '사탄'이 그의 오른쪽에 서게 해 달라고 기도합니다(6절). 이 구절의 의미는 우리 그리스도인들이 언뜻 떠올리는 의미와 다를 것입니다. 여기서 말하는 '사탄'은 고소자 혹은 밀고자라는 뜻입니다. 시인은 계속 기도합니다. 그 원수가 심문을 받을 때 유죄를 선고받아 형을 치르게 해 주시고, "그의 기도가 죄로 변하게" 해 달라고 기도합니다(7절). 여기서 "그의 기도"란 하나님을 향한 기도를 말하는 것이 아니라, 인간인 재판관을 향한 탄원을 의미합니다. 즉, 그 탄원 때문에 오히려 상황이 더 악화되도록 (가령 형을 반으로 줄여 달라고 탄원했다가 오히려 두 배로 늘어나도록) 해 달라는 것입니다. 그의 명이 짧아지게 하고, 그가 하던 일은 다른 사람에게 넘어가게 하소서(8절). 그가 죽을 때 그의 자식들은 거지가 되게 하소서(10절). 그에게 동정을 베풀 사람이 한 명도 없게 하소서(12절). 그의 부모가 지은 죄도 언제나 주님께서 기억하소서(14절). 시편 137편에는 좀더 흉악한 구절이 등장합니다. 그 구절만 없다면 무척 아름다운 시일 터인데, 시인은 바벨론 사람의 어린 아기를 잡아다가 돌 바닥에 그 머리를 메어치는 사람은 복이 있을 것이라고 말합니다(9절). 69편 22-23절에는 이보다는 순화된 악의가 표현되어 있습니다.

"그들의 밥상이 올무가 되게 하시며 그들의 평안이 덫이 되게 하소서 그들의 눈이 어두워 보지 못하게 하시며 그들의 허리가 항상 떨리게 하소서."

이제 우리 얼굴에 웃음을 번지게 하는 (적어도 저의 경우에는) 시편들을 살펴보려고 합니다. 그런 구절들은 우리가 자주 읽는 애송 시편들에도 빈번히 들어 있어 감상하는 데 찜찜한 기분이 들게 할 때도 있습니다. 시편 143편은 1-11절까지는 우리의 눈물을 자아내는 구절들이 이어지다가, 12절에 이르러 불현듯 생각났다는 듯이

"주의 인자하심으로 나의 원수들을 끊으시고(죽여 없애 주시고)"라고 말합니다. 139편에는 좀더 단순한, 가히 유치하다고도 할 수 있는 구절이 느닷없이 끼어듭니다.

"하나님, 그 악인을 죽여 없애지 않으시겠습니까?"(19절 커버데일 역).

이는 마치 인간의 악에 대해 그토록 간단한 해결책이 있는데도 전능자께서 생각하지 못하고 있다는 사실이 놀랍다는 표현 같습니다. 최악의 것은 "여호와는 나의 목자시니"로 시작되는 시편 23편입니다. 푸른 풀밭, 쉴 만한 물가, 사망의 음침한 골짜기에서도 누리는 안위 등에 대해 노래하다가, "주께서 '내 원수의 목전에서' 내게 상을 차려 주시고"(5절)—모패트 박사의 번역에 따르면 "주인님이신 주님, 나를 초대하셔서는 '내 원수들이 다 지켜보는 자리에서' 내게 잔치를 열어 주십니다"—라고 말합니다. (전에 자신을 무시했던) 사람들 앞에서 보란 듯이 즐겨서 그들을 배 아프게 만들어야 비로소 자신의 행복이 완전해진다는 것입니다. 이는 앞에서 인용했던 구절들만큼 흉악스럽지는 않습니다. 그러나 좀스럽고 속물스러운 태도가, 더욱이 우리가 사랑하는 시들 중간에 끼어 있는 것을 볼 때면 우리는 참기 어렵습니다.

이렇게 우리를 낙담케 하고, 더 나아가 (감히 말하건대) 경멸감을 불러일으키는 시편들을 다루는 한 가지 방법은 그것들을 그냥 내버려 두는 것입니다. 그러나 불행히도 그 안좋은 부분들은 '말끔하게 떨어져 나가지' 않습니다. 앞에서 보았듯이 그것들은 아름답기 그지없는 것들과 한데 엉켜 있기 때문입니다. 그런데 성경의 모든 부분이 '우리의 교훈을 위해 기록되었으며'[10] 오랜 세월 시편이 교회 예배에 사용되어 온 사실이 하나님의 뜻에 전적으로 위배되지 않았음을 우리가 믿는다면, 우리 주님의 정신과 언어도 시편에 푹 젖어 있었다는 사실을 우리가 기억한다면, 우리는 가능한 한 어떻게든 그것들을 사용하는 쪽을 택해야 합니다. 그렇다면 대체 어떤 식으로 그것들을 사용할 수 있습니까?

이 질문에 대한 답은 알레고리allegory(풍유諷諭)[11]라는 것을 살펴볼 때 어느 정도 발견할 수 있습니다. 그러나 그 전에 혹시 여러분에게 도움이 될까 하는 생각에 저 자신이 무심코, 또 조금씩 발견해 이용하고 있는 방식에 대해 나누려고 합니다.

우선 저는 그런 구절들에 대해 대충 얼버무린다든지, 어쨌든 성경에 나오는 것이니 시편 기자의 복수심도 분명 선하고 경건한 것이라고 생각해서는 절대로 안 된다고 확신했습니다. 그 확신은 지금도 변함이 없습니다. 우리는 두 가지 사실을 직시해야 합니다. 그 하나는 시편에는 분명 증오심—괴로워하고 고소해하고 노골적인—이 나타나 있다는 사실입니다. 또 하나는 만일 우리가 어떤

---

10) 디모데후서 3장 16절 참조.
11) 어떤 구체적인 대상이나 사물에 빗대어 은연중에 어떤 추상적 개념이나 뜻을 나타내거나 풍자하는 문학적 표현기법으로, 존 버니언의 《천로역정》이 대표적이다.

식으로든 그런 증오심을 묵과하거나 인정한다면, 더 나아가 그것을 통해 자신에게도 있는 그와 같은 감정을 정당화하려 한다면, 우리는 분명 악한 사람이라는 사실입니다. 먼저 이 두 가지 사실을 전제로 할 때 비로소 안전하게 다음 단계로 나아갈 수 있습니다.

제게 도움을 준 첫 번째 것은—흔히 경험하는 일로서—전혀 종교적으로 보이지 않는 상황에서 생겨난 것입니다. 저는 이러한 악담 자체가 어떤 면에서 대단히 흥미롭다는 사실을 발견했습니다. 왜냐하면 여기에는 우리 모두가 잘 알고 있는 감정, 즉 분노의 감정이 아무런 가면이나 자의식이나 수치심 없이 적나라하게 표현되어 있기 때문입니다. 오늘날에는 어린아이들을 제외하고는 그렇게 표현할 수 있는 사람이 거의 없을 텐데 말입니다. 물론 고대 히브리인에게는 인습이나 제약이 없었기에 그런 식의 표현이 가능했으리라고 생각하는 것은 아닙니다. 고대의 동양 문화는 여러 가지 면에서 지금의 우리 문화보다 인습과 의식과 예의를 더 중시했습니다. 그들은 다른 면에서 제약을 받았으며, 오늘 우리와는 달리 자신의 증오심을 사회적 체면 때문에 혹은 신경증 환자라는 비난이 두려워 숨길 필요가 없었습니다. 그래서 그들의 분노는 '야생적인wild' 혹은 꾸밈없는 모습으로 나타났던 것입니다.

이제 여러분은 제 마음속에도 있는 그런 증오심을 제가 주목하게 되었을 거라고 기대하실 것입니다. 그렇습니다. 그것은 우리가 악담을 퍼붓는 시편들을 바르게 활용할 수 있는 한 가지 방법입니다. 물론 지금 우리의 내면에서 싸우고 있는 그 증오심은 그런 무시무시한 보복을 감히 꿈꾸지 못합니다. 시편의 시인들은 무지막지한 처벌, 학살과 폭력, (어떤 곳에서는 인간의) 피의 제사가 행해지던 시대에 살았던 반면에, 우리는 좀더 온건한 시대에 살고 있기 때문입니다. 그러나 자신의 악한 감정을 다른 사람들과 자기 자신에게 숨기는 데에는 그들보다 우리가 훨씬 교묘합니다. 우리는 "글쎄요, 그 사람은 언젠가 이 일을 후회하게 될 겁니다"라고 말합니다. 마치 지금 우리는 단순히 예측을—심지어 걱정을—하고 있는 것에 불과하다는 듯이 말입니다. 심지어 걱정스러워하기까지 합니다. 그런 일이 일어나기를 바라고 있다는 사실을—남들 앞에서 인정하지 못하는 것은 물론—스스로도 인식하지 못하면서 말입니다. 더구나 자신이 받은 상처를 두고두고 되씹고, 틈만 나면 상처를 부풀리며 자신을 고문하는 시편 기자의 모습에서, 대부분의 우리는 우리 내면에서도 유사한 일이 일어나고 있음을 알아채게 됩니다. 결국 우리 모두는 그 사나우며 자기 연민에 빠진 야만인들의 후예입니다.

　말씀드린 대로 이것은 우리가 저주 시편들을 선용할 수 있는 한 가지 방법입니다. 그러나 제가 처음 떠올린 생각은 조금 다른 것이었습니다. 시편 기자의 노골적인 증오심은 우리가 한 인간에게 해를 입혔을 때 생기는 자연적 결과가 무엇인지 보여 주는 것이라고 생각했습니다. **자연적**natural이라는 단어가 중요합니다. 자연적 결과는 은혜에 의해 없어질 수 있고, 개인의 사려분별이나 사회적 인습에 의해 억제될 수 있으며, 자기 기만에 의해 (이는 위험한 경우인데) 철저히 숨겨질 수도 있습니다. 그러나 대팻밥 한 무더기에 불붙은 성냥을 던졌을 경우 그 행동의 자연적인 결과가 불을 일으키듯이—물론 물기가 있거나 어느 민첩한 사람이 개입할 경우 그것을 막을 수는 있지만—어떤 사람을 속이거나 '짓밟거나' 무시하는 행동의 자연적인 결과는 분노를 일으킵니다. 다시 말해 그의 영혼이 복수를 노래하는 시편 기자의 영혼과 같이 되도록 유혹하는 것입니다. 그가 그 유혹을 이겨 낼 수도 있지만, 그렇지 않을 수도 있습니다. 만일 그가 그 유혹에 져 증오심으로 인해 영적으로 죽는다면, 그러한 증오심을 유발한 장본인인 나는 어떻게 하나님 앞에 설수 있겠습니까? 한 번 준 상처로 그치지 않고 거기에 그보다 훨씬 나쁜 짓을 그에게 가한 것입니다. 너그럽게 말하면 새로운 유혹을, 최악의 경우 새로운 죄를 그의 내면세계에 들여다 놓은 것이기 때문입니다. 만일 그가 그 죄에 시달리다 못해 타락해 버린다면, 어떤 의미에서 그를 타락의 길로 이끈 사람은 바로 나입니다. 내가 유혹자tempter가 된 것입니다.

용서는 결코 쉬운 일이 아닙니다. 우리가 잘 알고 있는 오래된 이야기 중에 이런 우스갯소리가 있습니다.

"담배를 끊었다며? 난 수십 번도 더 끊었지."

마찬가지로 저는 어떤 사람에 대해 이렇게 말할 수 있습니다.

"그날 그가 내게 한 행동을 용서했냐고? 셀 수 없을 만큼 용서했지."

용서는 거듭거듭 반복되어야 한다는 사실을 우리는 경험을 통해 잘 알고 있습니다. 우리는 용서하고 분노를 삭입니다. 그러나 일주일 후에 문득 그때의 일이 다시 떠오르면, 그동안의 모든 노력이 무색해지며 마음속에서는 다시 불같은 분노가 끓어오릅니다. 우리는 정말 형제를 일곱 번씩 일흔 번 용서할 필요가 있습니다.[12] 그가 저지른 490번의 잘못에 대해서가 아니라 한 번의 잘못에 대해서 말입니다. 이렇게 그는 악마의 유혹만으로도 버거운 우리 영혼에 또 하나의 견디기 어려운 유혹을 더해 준 것입니다. 의심할 여지없이 저도 다른 사람에게 그와 같은 일을 행해 왔습니다. 그동안 힘 있는 위치에 있어 본 일이 많지 않아서 다른 사람을 억누르고 격분케 할 수 있는 기회도 적었던 것을 삶의 특별한 복으로 여기는 저 역시도 예외가 아니었습니다. 학급 반장이나 하사관이나 교장 선생님이나 수간호사나 간수나 시장의 자리에 앉아 본 적이 없는 사람들은 누구나 그 점에서 마음속 깊이 감사해야 할 것입니다.

시편에 나오는 저주들을 대할 때 그 시인들의 무자비한 마음에 경악하는 것 말고는 달리 아무런 감정도 못 느낀다면, 그것은 시편

---

12) 마태복음 18장 22절 참조.

을 굉장히 단순하게만 바라보는 것입니다. 물론 시편 기자들은 정말 흉악합니다. 하지만 우리는 그들을 그토록 흉악하게 만든 사람들에 대해서도 생각할 수 있어야 합니다. 그들의 증오는 무언가에 대한 반응이었습니다. 그러한 증오심은 잔인하고 부당한 행동이 낳은, 일종의 자연법에 따른 결과입니다. 이는 악행이 갖고 있는 한 가지 속성입니다. 어떤 사람의 자유나 재산을 빼앗아 보십시오. 그러면 여러분은 그의 순수성도, 더 나아가 그의 인간성도 빼앗게 될 수 있습니다. 모든 희생자들이 필그림 씨Mr. Pilgrim처럼 목매달아 죽지는 않습니다. 그러나 그들은 평생을 증오 속에서 살 수 있습니다.

그리고 연이어 떠오른 또 다른 생각은 저를 예기치 못한, 언뜻 탐탁해 보이지 않았던 한 방향으로 이끌었습니다. 자신이 받은 상처에 대한 시편 기자들의 반응은 대단히 자연적인 것이기는 했지만 사실은 무척 그릇된 것이었습니다. 이러한 사실에 대해, 그들은 그리스도인도 아니었고 구약 시대의 사람들이어서 그럴 수밖에 없었을 것이라는 변명이 나올 수도 있습니다. 그러나 그러한 변명이 어느 정도는 통할 수 있으나 궁색할 수밖에 없는 데에는 두 가지 이유가 있습니다.

우선 유대교 내에서도 이러한 자연적 반응에 대한 교정책矯正策이 이미 존재했습니다. 레위기 19장 17-18절은 "너는 네 형제를 마음으로 미워하지 말며…… 원수를 갚지 말며 동포를 원망하지 말며 네 이웃 사랑하기를 네 자신과 같이 사랑하라"라고 말씀합니다. 출애굽기에서도 우리는 "네가 만일 네 원수의 길 잃은 소나 나귀를 보거든 반드시 그 사람에게로 돌릴지며 네가 만일 너를 미워하는 자의 나귀가 짐을 싣고 엎드러짐을 보거든 그것을 버려 두지 말고 그것을 도와 그 짐을 부릴지니라"라는 말씀을 읽습니다(출 23:4-5). 잠언 24장 17절은 "네 원수가 넘어질 때에 즐거워하지 말며 그가 엎드러질 때에 마음에 기뻐하지 말라"라고 말씀합니다. 저는 "네 원수가 주리거든 먹이고 목마르거든 마시게 하라"[13]라는 성 바울의 말씀이 잠언 25장 21절을 직접 인용한 말씀이라는 사실을 처음 발견했을 때 얼마나 놀랐는지 모릅니다. 구약성경을 정기적으로 읽을 때 얻는 유익 중 하나가 바로 이것입니다.

여러분은 계속 발견하게 될 것입니다. 신약성경에 구약성경의 말씀이 얼마나 많이 인용되어 있는지를, 우리 주님께서 얼마나 자주 유대교의 윤리를 반복하고 강조하고 이어받고 다듬고 승화시키셨는지를, 주님이 전혀 색다른 것을 소개하신 경우는 얼마나 드문지를 찾게 될 것입니다. 이는 성경읽기가 생활습관이었던 시기에는 수백만의 평범한 그리스도인들에게 하나의 상식─실로 공리公理처럼 자명한 것─이었습니다. 하지만 요즘은 이러한 사실을 얼마나 망각해 버렸는지, 사람들은 사해 문서Dead Sea Scrolls[14]

---

13) 로마서 12장 20절 참조.

같은 몇몇 기독교 이전 문서들(혹은 그들이 기독교 이전의 것이라고 받아들이는)에 주님이 하신 말씀과 유사한 말들이 '앞서' 기록되어 있는 것을 보면, 우리 주님의 권위를 의심하기도합니다. 마치 주님이 니체처럼 싸구려 신품 윤리를 하나 만들어 팔러 다니는 분이기라도 하듯이 말입니다! 사실, 기독교 이전의 종교 역사 전체는—좋은 측면에서—우리 주님을 예기anticipation해 주는 역사입니다. 그렇지 않을 수가 없었습니다. 왜냐하면 태초로부터 각 사람을 비추었던 그 빛[15]은 더 밝게 비칠 수는 있으나, 변할 수는 없는 빛이기 때문입니다. 독창성The Origin 자체이신 존재가 어느 순간 갑자기 (통속적 의미에서) '독창적Original'이 될 수는 없습니다.

두 번째 이유는 조금 더 도발적입니다. 만일 우리가 시편 시인들의 잘못을 그들은 아직 그리스도인들이 아니었기 때문이라고 이해해 줄 수 있으려면, 우리는 그와 동일한—혹은 더 심한—잘못을 이교도 작가들에게서 발견할 수 있어야 합니다. 만약 제가 이교도 문학에 대해 좀더 해박했다면 그럴 수 있었을는지 모르겠습니다. 하지만 지금의 얕은 지식(약간의 그리스 문학, 약간의 라틴어 문학, 아주 조금의 고대 북유럽 문학 정도)으로는 이교도 작가들의 잘못을 찾아낼 자신이 없습니다. 이교도 문헌에서 음탕함, 야만적인 무

---

14) 이스라엘의 사해 북서쪽 연안에 있는 쿰란 동굴에서 발견된 구약성경 사본 및 유대교 관련 문서.
15) 요한복음 1장 9절 참조.

감각, 냉혹한 잔인함 등이 당연시되는 것은 발견할 수 있었지만, 시편 시인들에게서 보이는 불같은 증오심은 찾아볼 수 없었습니다. 물론 이는 작가들이 1인칭으로 자신의 이야기를 하는 경우에 한해서입니다. 연극에서 성난 등장인물의 입을 통해 나오는 말은 전혀 별개의 문제이기 때문입니다. 이렇듯 처음에 언뜻 보이는 모습만 가지고 말한다면, 유대인들은 이교도들보다 훨씬 보복심에 불타고 가시가 돋쳐 있습니다.

만일 우리가 그리스도인이 아니었다면, 우리는 여기에 대해 그저 "하나님이 유대인을 택하신 것은 참으로 불가사의한 일이야" 하는 조롱 섞인 말을 던지며 간단히 넘어갈 수도 있었을 것입니다. 그러나 하나님이 유대 민족을 성육신의 그릇으로 택하셨음을 믿는 우리는, 따라서 유대 민족에게 어마어마하게 큰 빚을 지고 있는 우리는 그럴 수 없습니다.

길을 걷다가 어려움에 봉착하게 된 곳은 무언가 새로운 발견이 우리를 기다리고 있을 수 있습니다. 사방이 막혀 있는 곳은 사냥감이 숨어 있을 수 있습니다. 이 특별한 어려움은 탐구해 볼 만한 가치가 충분합니다.

도덕세계에는 '더 높은 곳일수록, 더 위험한 곳'이라고 표현할 수 있는 보편적인 법칙이 있는 것 같습니다. 가끔씩 외도도 하고 가끔씩 술독에도 빠지고 늘 조금은 이기적이고 이따금씩 (법 테두리 내에서) 사소한 사기도 치는 '속인俗人'은, 높은 대의를 향한 열정으로 충만하고 그 대의를 위해 자신의 욕망과 재산과 심지어 목숨까지 희생할 수 있는 사람에 비해 일반적인 평가 기준으로 볼 때 분명 '저급한' 인간입니다. 그러나 정말로 극악무도한 무언가를 드러내는 것은 다름 아니라 대의를 위해 목숨을 바칠 수 있는 두 번째 인간형—엄격한 종교 재판관이나 국가안전위원회 위원장 같은—입니다. 무자비한 광신도가 되는 사람은 소인이 아니라 위인이나 성인이 될 가능성이 있는 사람들입니다. 대의를 위해 기꺼이 죽을 수 있는 사람이 쉽게 그 대의를 위해 다른 사람을 죽일 수 있는 사람도 됩니다. 이와 동일한 원리를 문학비평과 같은 (상대적으로) 시시한 분야에서도 확인할 수 있습니다. 가장 혹독한 비평, 다른 모든 비평가들에 대해, 또 거의 모든 작가들에 대해 가장 지독한 증오심을 담고 있는 비평은, 가장 정직하고 공정한 비평가, 더없이 열정적이고 사심 없이 문학을 사랑하는 사람에게서 나옵니다. 게임에 많은 것을 건 사람일수록 마음의 평정을 잃어버릴 위험도 커지는 법입니다. 그렇다고 우리는 속되고 경박한 소인들의 상대적인 순박함을 과대평가할 수는 없습니다. 그들은 어떤 유혹들에 못 미치는 사람들일 뿐입니다. 그것들을 뛰어넘은 사람들이 아니라는 말입니다.

도박에 대한 유혹을 한 번도, 꿈에서조차 느껴 본 적이 없는 사람이라고 해서 그런 유혹을 느끼는 사람들보다 더 낫다고 말할 수 없습니다. 그러한 유혹을 아예 막아 주는 소심함과 비관주의는, 지금 마땅히 감수해야 할 모험들 앞에서 그를 주춤거리게끔 유혹하고 있을 수 있습니다. 마찬가지입니다. 상대적으로 이교도들에게서 보복심을 찾기 어려운 것은—물론 그 자체는 좋은 것이지만— 반드시 좋은 증상이라고는 말할 수 없습니다. 저는 이것을 제2차 세계대전 초기의 어느 날, 객실을 가득 채운 젊은 군인들 틈에서 야간 여행을 하면서 깨달았습니다. 군인들의 대화를 들어 보니, 그들은 나치 **정권**의 잔혹성에 대한 우리나라 신문들의 기사 내용을 조금도 믿지 않고 있었습니다. 군인들은 하나같이 그런 기사들은 모두 거짓이고, 우리 정부가 군대의 '사기를 진작시키기 위해' 지어낸 선전에 불과하다고 생각하고 있었습니다. 그런데 제가 너무도 놀랐던 점은, 그렇게 믿고 있으면서도 그들에게서 조금의 분개감도 찾아볼 수 없었다는 점입니다. 우리 지도자들이 동포들을 피흘리며 싸우도록 유인하기 위해 어떤 인간들을 극악한 범죄자로 조작해 냈다는 사실이 그들에게는 대수롭지 않은 문제였던 것입니다. 그들은 별 관심이 없어 보였습니다. 그저 아무렇지도 않다는 표정이었습니다.

그때 저는 과격한 언사를 내뱉는 시편 기자들이—"이건 불공평해요"라고 울먹이고 있는 어린아이가—그 젊은이들보다 훨씬 희망적인 상태에 있다고 생각했습니다. 만일 군인들이, 우리 지도자들이 범하고 있다는 그 무자비한 일을 그토록 극악무도한 일로 인식하고 느끼고 난 뒤에 그들을 용서해 준 것이라면, 그들은 성인聖人

이었을 것입니다. 그러나 그 문제를 전혀 그렇게 인식하지 못하는 것—아예 분노에 대한 유혹조차 받지 않으며, 그런 일을 지극히 정상적인 일로 받아들이는 것—은 그들의 끔찍스러운 도덕적 불감증을 보여 주는 증거입니다. 그 젊은이들에게는 (적어도 그 주제만큼은) 전혀 선악에 대한 개념이 없었던 것입니다.

이렇듯 분노가 없다는 것, 특히 우리가 **의분**이라고 부르는 분노가 없다는 것은 참으로 심상치 않은 증상일 수 있습니다. 반대로 의분이 있다는 것은 좋은 증상일 수 있습니다. 심지어 그 의분이 지독한 개인적 복수심으로 변한다고 해도, 그것은 여전히—물론 그 자체는 나쁜 것이지만—좋은 증상일 수 있습니다. 복수심을 품는 것은 죄입니다. 하지만 그것은 적어도 복수심을 품는 사람들이 그러한 죄의 유혹을 느끼는 것 이하의 수준으로는 떨어지지 않았음을 보여 줍니다. 마치 위대한 애국자나 개혁자가 저지르는 (종종 있는 가공할 만한) 죄들이 그들 안에 단순한 이기심을 초월하는 무언가가 있음을 가리켜 주는 것일 수 있듯이 말입니다. 유대인들이 이교도들보다 더 지독한 저주의 말을 내뱉었다면, 이는 적어도 부분적으로는 그들이 선과 악의 문제를 좀더 심각하게 생각했기 때문일 것입니다. 그들의 폭언을 가만히 살펴보면, 대부분 단순히 자신들이 어떤 일을 당했기 때문에 분노한 것이 아니었습니다. 분노를 일으킨 그 일 자체가 명백히 잘못된 일이요, 그것은 희생자인 그들뿐만 아니라 하나님도 미워하시는 일이기 때문입니다. 그들은 항상 "하나님은 의로우신 분이다"라는—하나님도 분명 그러한 행동을 미워하시므로 언젠가 반드시 '심판' 혹은 보복을 해 주실 것이라는(하지만 이 일을 얼마나 오랫동안 미루고 계신지!)—생각을 하고 있습니다. 시편 58편 10-11절처럼 그 생각을 전면에 표현하는 경우도 있습니다.

"의인이 악인의 보복 당함을 보고 기뻐함이여…… 그때에 사람의 말이…… 진실로 땅에서 심판하시는 하나님이 계시다 하리로다."

이 구절에서 알 수 있듯이 시편 기자의 분노는 단순한 분노와는 무언가 다릅니다. 자신이 조금 더 강하고 빨랐다면 미리 선수를 쳤을 일을 그만 원수에게 먼저 당한 후에 미친 듯이 날뛰는 동물적인 격분과는 다릅니다.

시편 기자들의 분노는 이렇듯 다르고, 분명히 더 고상하며, 따라서 더 좋은 증상이기는 하지만, 그것은 훨씬 끔찍한 죄로 이어질 수 있습니다. 왜냐하면 그런 분노는 자신의 가장 악랄한 감정조차 거룩한 감정으로 착각하게끔 만들 수 있기 때문입니다. 그런 분노는 단순한 자기 감정이나 생각의 표현에 "주님이 이렇게 말씀하신다"라는 말을 노골적으로 또는 암시적으로 덧붙이게끔 만들 수 있습니다. 칼라일Thomas Carlyle[16]이나 키플링Joseph Rudyard

---

16) 1795-1881. 영국의 역사가이자 평론가.

Kipling[17] 또는 몇몇 정치인들이나 현대의 비평가들도 나름의 방식으로 그런 무서운 잘못을 저지르고 있습니다. ("하나님의 이름을 망령되이 일컫지 말라"는 말씀을 바로 이런 경우에 적용해야 한다고 생각합니다. 이 말씀은 단순히 시답지 않은 '불경스런 욕'을 내뱉을 때 하나님의 이름을 들먹이지 말라는 것이 아닙니다. "저놈의 [하나님께] 저주받을 의자!"라는 말을 정말 그 의자가 불멸의 영혼을 얻은 뒤 영원한 지옥에 들어가기를 바라는 마음으로 내뱉는 사람은 없을 것이기 때문입니다.)

여기서도 '더 높은 곳일수록, 더 위험한 곳'이라는 말이 적용됩니다. 유대인들이 이교도들보다 더 심각한 죄를 지은 것은 그들이 하나님으로부터 더 멀리 있었기 때문이 아니라 더 가까이 있었기 때문입니다. 인간의 영혼 속에 초자연이 들어오면 인간의 영혼에는 좋은 쪽과 나쁜 쪽 모두를 향해 새로운 가능성이 활짝 열리기 때문입니다. 이 지점에서 길이 두 갈래로 나누어지기 시작합니다. 경건과 사랑과 겸손을 향해 나아가는 길과, 영적 교만과 자기 의와 박해의 광기로 나아가는 길이 그것입니다. 아직 영혼이 깨어나지 못했을 때의 그 평범한 미덕과 악덕으로 다시 되돌아갈 수 있는 길은 없습니다. 하나님의 부르심이 우리를 더 나은 존재로 만들지 못한다면, 그것은 반드시 우리를 훨씬 나쁜 존재로 만듭니다. 온갖 악인들 중에서도 가장 악한 사람은 종교적 악인입니다. 모든

---

17) 1865-1936. 영국의 소설가로서, 1907년에 노벨 문학상을 수상했다.

창조물 중에서 가장 사악한 것은 본래 하나님의 직접적 현존 앞에 서 있었던 존재입니다.[18] 이 갈래 길을 피할 수 있는 길은 없습니다. '비용을 계산하라'[19]는 주님의 말씀은 여기에도 적용될 수 있습니다.

그들이 퍼붓는 최악의 악담에서도 우리는 그 고대 시인들이 얼마나, 어떤 의미에서, 하나님과 가까운 이들이었는지를 볼 수 있습니다. 비록 인간적 도구로 인해 심각하게 왜곡되기는 하지만, 그 구절들에서도 무언가 신성한 음성이 울려 나옵니다. 물론 하나님이 시인들과 같은 시각으로 그들의 원수를 바라보신다는 것은 아닙니다. 하나님은 '악인이 죽는 것을 기뻐하지 않으시기' 때문입니다.[20] 하지만 그분은 그 원수들의 죄에 대해서는 시인들의 표현과 마찬가지로 가차 없는 적대감을 갖고 계십니다. 가차 없는! 그렇습니다. 그 죄인에 대해서가 아니라 그 죄에 대해서 말입니다. 죄 자체는 결코 묵인되거나 용인될 수 없으며 어떠한 타협도 있을 수 없습니다. 만일 그가 구원받고자 한다면 그의 이가 뽑혀야 하고 오른쪽 손이 잘려야 합니다.[21]

이렇듯 시편 기자들의 가차 없는 태도는, 현대에 이르러 기독교

---

18) 사탄을 말함.
19) 누가복음 14장 25-35절 참조.
20) 에스겔 33장 11절 참조.
21) 마태복음 5장 29-30절 참조.

적 사랑으로 통하고 있는 태도들보다 진리의 모습에 훨씬 가깝습니다. 가령 앞에서 언급한 젊은 군인들의 도덕적 불감증보다 확실히 가깝습니다. 모든 악을 신경증으로 환원하는 사이비 과학에서 말하는 관용보다도 그렇습니다(물론 어떤 악은 신경증인 경우도 있습니다만). 또 그들의 태도에는 얼마 전에 보았던 미성년 법정 판사에게서 찾아볼 수 없었던 건전한 정신이 들어 있습니다. 나이 많은 여성 판사 앞에 계획적으로 절도 행각을 벌여 온 불량 소년들이 잡혀 왔습니다. 그들은 장물을 팔아 돈을 챙겼고, 전과가 있는 아이도 있었습니다. 그때 이 여성 판사의 말이, 부디 '어리석은 장난'을 그만두라는 것이었습니다. 이러한 시류들에 맞서, 시편의 그 사나운 구절들은 이 세상에는 정말 악이라는 것이 존재하며, 악은 (그 악인은 아니지만) 하나님의 미움을 받는다는 사실을 우리에게 똑똑히 일깨워 주는 역할을 하고 있습니다. 이렇듯 시편의 그 인간적인 왜곡이 아무리 위험한 것이라고 해도 그 구절들에서는 여전히 주님의 음성이 울려 나옵니다.

그런데 우리는 이렇게 끔찍한 시편들을, 그저 교훈을 얻는 목적 외에 개인의 경건생활에도 활용할 수 있을까요? 저는 가능하다고 생각합니다. 그러나 이 주제에 대해서는 좀더 나중에 다룰 것입니다.

4
시편이 말하는 죽음

가장 매력 없는 주제부터 먼저 다루겠다는 계획대로, 이제 저는 시편에서 자주 보이는 자기 의에 대해 이야기하려 합니다. 그러나 그 문제를 제대로 다루기 위해서는 몇 가지 다른 문제들을 짚고 넘어가야 합니다. 전혀 다른 주제를 먼저 꺼내는 것은 바로 그런 이유 때문입니다.

우리 선조들은 구약성경의 저자들도 우리처럼 기독교 신학을 잘 알고 있었을 거라는 막연한 생각을 가지고 시편과 구약의 다른 본문들을 읽었던 것으로 보입니다. 성육신이 우리에게는 이미 기록된 사건이지만 구약의 저자들에게는 아직 이루어지지 않은 사건이었는데도 말입니다. 이는 사실 중대한 차이점입니다. 특히 선조들은 구약의 저자들도 당연히 우리처럼 죽음 너머의 삶에 관심이 있었으며, 지옥을 두려워하고 영원한 기쁨을 희망했을 거라고 생각했고, 이에 대해 거의 의심을 품지 않았습니다.

　사실 어떤 구절들에 대한 우리 (영국 성공회) 기도서의 번역이나 몇몇 다른 번역들은 그러한 막연한 생각을 갖지 않을 수 없게끔 만듭니다. 예를 들어 시편 17편 14절은 악인에 대해 "이 세상에 살아 있는 동안 그들의 분깃을 받은 사람"이라고 말합니다. 이 구절을 읽을 때 그리스도인이라면 당연히(커버데일도 그랬던 것이 분명합니다) 우리 주님이 들려주신, 현세에서 좋은 것을 누렸던 부자와 내세에서 좋은 것을 받은 나사로 이야기[22]를 떠올릴 것입니다. 부자와 나사로 이야기처럼 대조를 이루는 누가복음 6장 24절 말씀—"그러나 화 있을진저 너희 부요한 자여 너희는 너희의 위로를 이미 받았도다"—을 떠올리는 사람도 있을 것입니다. 그러나 현대의 번역자들에 따르면 실제 히브리어 원문에는 전혀 이런 의미가 담겨 있지 않다고 합니다. 사실 이 구절은 그저 우리가 앞장에서 다룬 바 있는 저주의 말들 중 하나입니다. 시편 17편 13절에서 시인은 하나님께 그 악인을 '넘어뜨려'(모패트 박사의 번역에 따르면 '밟아 뭉개') 달라고 기도하는데, 14절에 이르러서는 좀 더 완곡한 표현이 등장합니다.

　"예, 그들을 밟아 뭉개 주십시오. 그러나 먼저 '이 세상에 사는

---

22) 누가복음 16장 19-31절 참조.

동안 그들이 그들의 운명을 당하도록' 해 주십시오."

악인을 죽이시되 살아 있는 동안에도 나쁜 일을 당하게 해 달라는 것입니다.

시편 49편 7-8절에도 이런 말씀이 있습니다.

"아무도 자기의 형제를 구원하지 못하며…… 그들의 생명을 속량하는 값이 너무 엄청나서 영원히 마련하지 못할 것임이니라."

이 말씀이 그리스도의 구속 사역을 가리키는 것이라고 생각하지 않을 사람이 누가 있겠습니까? 아무도 다른 사람의 영혼을 '구원할 수' 없습니다. 구원의 값은 오직 하나님의 아들만이 치를 수 있는 것이기 때문입니다. 찬송가 가사처럼 '그 값을 치를 수 있을 만한 자격이 있는' 사람은 그분 외에 아무도 없기 때문입니다. 이 번역의 문투 자체가 더욱 그런 생각을 하게 만듭니다. 오늘날 '속량하다redeem' 라는 동사는 (전당포에서 저당물을 도로 찾을 때를 제외하고는) 신학적인 의미로만 쓰이는데, 더욱이 '값나가다cost' 라는 동사가 과거 시제로 쓰였기 때문입니다.[23] 값이 '엄청나다' 는 것이 아니라 '엄청났다' 는 것입니다. 여기서 우리는 우리 구원의 값이 단번에once and for all 치러진 갈보리 언덕을 떠올리게 됩니다. 그러나 그 히브리 시인이 본래 의도한 의미는 이와는 상당히 다르고 훨씬 평범한 것이었음이 분명합니다. 모패트 박사의 번역

---

23) 커버데일 역의 경우.

에 따르면 그 구절은 '값을 치르고 죽음을 면할 수 있는 사람은 아무도 없다. 끝없는 생명을 하나님에게서 살 수 있는 사람은 아무도 없다(영혼의 값은 너무도 비싼 것이므로)' 는 의미입니다.

이쯤 되면 평생 동안 시편을 사랑해 온 사람들로부터 다음과 같은 항변의 소리가 들려올 만도 합니다.

"아, 그놈의 위대한 학자 양반들과 최신 번역자들! 난 그들이 나의 성경을 망쳐 놓도록 내버려 두지는 않을 테요. 내, 두 가지만 질문 하겠소. 첫째, 같은 책에 기독교의 언어를 너무도 닮은 표현이 한 번도 아니고 두 번씩이나 나오는 게 그저 우연 때문(번역의 잘못이든 필사의 잘못이든간에)이라는 것이오? 둘째, 그러니까 당신 말은, 우리가 지금까지 생각해 왔던 구절들의 의미를 다 내버려야 한다는 말이오?"

두 질문 모두 나중에 상세하게 다룰 것입니다. 이 자리에서는 두 번째 질문에 대한 저의 개인적인 대답은 분명히 '아니요' 라는 말씀만 드리고 지나가려 합니다. 일단 이쯤 해 두고, 제가 사실로 믿고 있는 것들에 대한 이야기를 계속하겠습니다.

대부분의 구약성경에는 내세에 대한 믿음이 거의 또는 전혀 나타나 있지 않습니다. 만약 있다고 해도 종교적으로 중요한 것은 전혀 없다고 보는 것이 정확할 것입니다. 시편 번역에서 '영혼'이라고 번역된 단어는 단순히 '생명'이라는 의미입니다. '지옥(음부)'이라고 번역된 단어—'스올Sheol'—도 단순히 '죽은 이들의 땅'이라는 뜻으로 선한 자든 악한 자든 모든 죽은 자들이 처해 있는 상태를 가리키는 말입니다.

고대 유대인들이 '스올'에 대해 어떤 생각을 갖고 있었는지 알아내기란 어려운 일입니다. 그들은 스올에 대해 생각하는 것 자체를 좋아하지 않았습니다. 그들의 종교는 그에 대한 생각을 권면하지 않았습니다. 생각한다고 해서 좋은 것이 나올 수 없었습니다. 오히려 악한 것이 나올지 모르는 일이었습니다. 스올은 엔돌 Endor의 신접한 여인같이 매우 사악한 인간들이 유령을 불러내온다고 믿던 장소였습니다.[24] 불려 나온 유령도 내세가 아니라 우리가 살고 있는 이 세상에 대해서만 이야기를 해 줄 수 있었을 뿐입니다. 더 나아가 스올에 대해 불건전한 관심을 갖는 사람은 급기야 주변 이교도 나라들의 관습에 빠져 들어가, "죽은 자에게 제사한 음식을 먹게" 될 수도 있는 일이었습니다(시 106:28).

이 모든 것의 배후에는 당시 유대교를 비롯해 많은 고대 종교들이 공통적으로 갖고 있던 한 가지 사상이 깔려 있습니다. 그리스인의 하데스Hades 개념이 아마 현대인들에게 가장 친숙한 실례일 것입니다. 하데스는 천국도 아니고 지옥도 아닌 곳입니다. 즉, 무nothing의 세계라고 할 수 있습니다. 제가 지금 대중들이 품고 있었던 생각에 대해 말하고 있다는 사실을 기억하시기 바랍니다. 물

---

24) 사무엘상 28장 참조.

론 플라톤 같은 철학자들은 인간 영혼의 불멸성에 관해 뚜렷한 교리를 가지고 있었습니다. 또 시인들이라면 죽은 자들의 세상에 관해 판타지를 쓸 수도 있었을 것입니다. 그러나 이런 것들이 당시의 실제 이교 사상과 별 관련이 없는 것은, 다른 행성들에 관한 현대의 판타지들이 우리 시대의 실제 천문학과 아무런 관련이 없는 것과 마찬가지입니다. 실제 이교 사상에서 하데스는 거의 화제로 삼을 만한 가치가 없는 주제였습니다. 하데스란 그저 그림자들의 세상, 부패의 세상에 불과한 것이었기 때문입니다.

호메로스Homeros[25]는 (후대의 좀더 세련된 시인들보다 이교 사상을 훨씬 실제적으로 묘사했으리라 생각되는데) 유령들을 제정신을 잃은 존재로 표현했습니다. 그 유령들은 아무 뜻도 없는 말을 마구 지껄여 대다가, 어떤 살아 있는 사람이 그들에게 희생 제물의 피를 주어 마시게 할 때 비로소 제정신을 차리는 존재였습니다. 호메로스 당시의 그리스인들이 유령에 대해 어떤 생각을 가지고 있었는지는 《일리아스Iliad》[26]의 서두에서 아주 분명하게 확인할 수 있습니다. 호메로스는 전쟁에서 죽은 사람들에 대해, '그들의 영혼'은 하데스로 갔으나 '그 사람들'은 개와 새들의 먹이가 되었다고 표현

---

25) 기원전 10세기경의 그리스 시인으로서, 《일리아스Iliad》와 《오디세이아Odyssey》의 작자로 전해진다.
26) 그리스 최고最古의 영웅 서사시로서, 10년간에 걸친 그리스군의 트로이 공격 중 마지막 해에 일어난 사건들을 노래한 것.

하고 있습니다. 그들에게 사람의 몸은—심지어 죽은 몸이라고 해도—곧 그 사람 자신이었던 것입니다. 유령은 다만 일종의 그림자나 반향에 불과한 무엇이었습니다. (어쩌면 정말 그런 것일지도 모른다는 생각이 가끔은 저를 사정없이 사로잡기도 합니다. 인간의 자연적 운명, 구원받지 못한 인간의 운명이 바로 이처럼, 몸뿐 아니라 영혼 역시 허물어져 결국 제정신을 잃은 정신적 가루로 분해되어 버리는 것이 아닌가 하는 생각 말입니다. 만일 그렇다면 희생 제물의 피를 마셔야 비로소 유령이 제정신으로 돌아온다는 호메로스의 생각은 이교 사상에서 보이는 기독교 진리에 대한 많은 놀라운 예기 중 하나일 것입니다.)

그러한 개념은 이교 사상에서도 모호하고 주변적인 것이었는데, 유대 사상에서는 더욱더 그러했습니다. 스올은 하데스보다 더 애매하고 뒷전으로 밀려나 있던 개념이었습니다. 스올에 대한 사상은 유대 종교의 중심부와는 한참 동떨어진 것으로서 시편에서는 더욱 그렇습니다. 시편 기자들은 스올('지옥' 혹은 '수렁')에 대해, 마치 오늘날 내세를 전혀 믿지 않는 사람이 '죽음'이나 '무덤'을 언급하듯이 말합니다. 죽은 사람은 그저 죽은 것일 뿐 그 이상 아무것도 아니라는 것입니다.

많은 구절이 이를 분명히 보여 주는데, 세심한 독자라면 우리 기도서의 번역에서도 그것을 확인할 수 있습니다. 가장 분명한 구절은 시편 89편 47절입니다.

"나의 때가 얼마나 짧은지 기억하소서 주께서 모든 사람을 어찌 그리 허무하게 창조하셨는지요?"

우리 모두는 결국 무(허무)가 된다는 것입니다. 그러므로 모든 사람은 "그림자"와 같은데(39:6), 지혜 있는 자나 어리석은 자나 다 같은 운명입니다(49:10). 일단 죽으면 사람은 더 이상 하나님을 예배할 수 없게 됩니다.

"진토가 어떻게 주를 찬송하며 주의 진리를 선포하리이까" (30:9).

왜냐하면 "사망 중에서는 주를 기억하는 일이 없"기 때문입니다 (6:5). 죽음은 단순히 세상적인 일뿐 아니라 모든 것이 잊혀지는 "잊음의 땅"입니다(88:12). 사람은 죽으면 "그의 생각이 소멸"됩니다(146:4). 모든 사람은 "그들의 역대 조상들에게로 돌아가리니 영원히 빛을 보지 못하"게 됩니다(49:19). 그는 끝없는 어둠 속으로 들어가는 것이기 때문입니다.

마치 시인이 기독교적인 의미에서 '자기 영혼의 구원'을 위해 기도하고 있는 것처럼 들리는 구절들도 있습니다. 그러나 자세히 살펴보면 그런 의미가 아닙니다. 30편 3절의 "주께서 내 영혼을 스올에서 끌어내어"라는 말씀은 단순히 '나를 살리사 무덤으로 내려가지 아니하게 하셨다'는 뜻입니다. 116편 3절의 "사망의 줄이 나를 두르고 스올의 고통이 내게 이르므로 내가 환난과 슬픔을 만났다"라는 말씀은 '죽음이 내게 덫을 놓았고, 나는 죽어 가는 사람처럼 극심한 고통을 느꼈다'라는 뜻입니다. 오늘날 우리가 "죽음의 문턱에 서 있다"라고 말하는 것과 같은 의미인 것입니다.

신약성경을 통해 알고 있듯이 유대교는 주님의 시대에 이르렀을 때 이 점에서 큰 변화를 겪었습니다. 사두개인들은 여전히 예전의 생각을 고수했습니다. 그러나 바리새인들을 포함해 많은 사람들은 내세의 삶을 믿었습니다. 언제, 어떤 단계들을 거쳐 어디로부터 (하나님의 인도 아래) 이러한 새로운 믿음이 들어오게 되었는지에 대해서는 이 책에서 다룰 주제가 아닙니다. 저는 그보다는 종교적 열기가 뜨거웠던 유대교 초기에는 왜 그러한 믿음이 없었는지를 이해하는 일에 더 관심이 있습니다. 자신에 관해 그토록 많은 것을 유대인들에게 계시해 주셨던 하나님이 자기 백성에게 내세에 관해 가르쳐 주시지 않았다는 사실에 아마 깜짝 놀라는 이들도 있을 것입니다.

그러나 이제 저는 놀라지 않습니다. 사실 유대 민족 주변에는 내세에 엄청난 관심을 쏟아 부은 민족들이 있었습니다. 고대 이집트의 문헌을 읽어 보면, 그들의 문화 가운데 인생에서 중요한 일은 '죽음 이후의 행복을 보장받는 것이 아닌가' 하는 생각이 들 정도입니다. 그런데 하나님은 선택된 자기 백성은 그런 주변 민족의 예를 따르지 않기를 바라셨던 것으로 보입니다. 우리는 그 이유가 궁금해질 것입니다. '아니, 사람들이 자신의 영원한 운명에 대한 지나친 관심을 가질 수도 있단 말인가?' 저의 대답이 역설적으로 들릴 수 있겠지만, 어떤 의미에서 '그렇다'는 것입니다.

왜냐하면 사실 죽음 너머의 행복이나 불행이라는 것은 그 자체만으로는 종교적인 주제가 될 수 없기 때문입니다. 물론 내세를 믿는 사람들은 행복은 추구하고 불행은 피하기 위해 신중을 기할 것입니다. 그러나 이는 자기 건강을 돌보는 일이나 노후를 대비하기 위해 저축하는 일과 같이 종교와는 아무런 상관이 없는 일입니다. 차이가 있다면, 이번에는 걸려 있는 이득과 손실이 엄청나다는 것뿐입니다. 그렇기 때문에 정말 내세를 확고하게 믿는 사람들은 마음속에 엄청난 희망이나 불안이 생겨납니다. 그렇다고 해서 그러한 희망과 불안이 종교적인 감정은 아닙니다. 그것들은 그저 자기 안위에 대한 희망이나 불안에 불과한 것이기 때문입니다. 그 중심에 하나님은 없습니다. 그들에게 하나님은 그저 다른 무언가를 위해 중요한 존재일 뿐입니다. 사실 그러한 믿음은 하나님에 대한 믿음이 전혀 없어도 존재할 수 있습니다. 일례로 불교도들은 죽음 이후에 일어나는 일에 대해 대단히 관심이 많지만 그들은 어떤 의미에서도 유신론자Theists로 불릴 수 없습니다.

따라서 하나님이 사람들에게 자신을 계시하기 시작하셨을 때, 다른 무엇이 아니라 오직 자신만이 그들의 참된 목적이요 만족이라는 사실을 계시하기 시작하셨을 때, 그분이 주실 수 있는 무엇 때문이 아니라 그분 자체를 섬겨야 한다는 사실을 계시하기 시작하셨을 때, 내세의 복이나 화에 대해서는 아무런 언급도 하시지 않은 것은 필연이었을 것입니다. 내세의 복이나 화는 좋은 출발점이 못 되기 때문입니다. 그런 것들을 너무 빨리 믿게 되면, (말하자면) 하나님에 대한 욕구appetite for God를 계발하기가 어려워질 수도 있습니다. 내세의 복이나 화에 대한 개인적 희망이나 두려움은 지나치게 자극적인 감정이기 때문입니다.

그러나 수세기에 걸친 영적 훈련을 통해 마침내 사람들이 하나님을 갈망하고 찬미할 줄 알게 되었을 때, "사슴이 시냇물을 찾기에 갈급함같이" 그분을 간절히 찾을 줄 알게 되었을 때는 사정이 달라집니다(42:1). 왜냐하면 그때는 하나님을 사랑하며 그분을 즐거워하게 되었기에, 이제 그분을 '영원토록 즐거워하기를' 바라고 그분을 잃는 것을 두려워하게 되었기 때문입니다. 진정으로 천국과 지옥에 대한 종교적인 희망과 두려움이 들어올 수 있는 지점은 바로 여기입니다. 독자적이고 자립적인 것으로서가 아니라, 이미 하나님을 중심에 둔 신앙에 뒤따라오는 필연적인 결론 같은 것으로서 말입니다. 사실 '천국'이 하나님과의 연합을 의미하지 않고 '지옥'이 그분과의 결별을 의미하지 않는 곳에서는, 천국이나 지옥에 대한 믿음은 해로운 미신에 불과하다고 할 수도 있습니다. 그런 믿음을 가진 사람에게는 그저 '보상'(험난한 인생 이야기 끝에 이어지는 '모든 것이 다 잘되는 후편')이 있거나 인간을 정신병자나 박해자로 만드는 악몽이 있을 따름입니다.

다행히 하나님의 선하신 섭리로 인해, 신경증이 있는 사람들을 제외한 보통 사람들은 그러한 자기 중심적이고 아류 종교와 같은 믿음을 계속 확고하게 견지하기가 지극히 어렵습니다. 대부분의 경우, 내세에 대한 믿음은 하나님을 생각의 중심에 둔 상태에서만 확고하게 유지됩니다. 하나님을 마음에 두지 않은 채 '천국' 소망을 하나의 보상으로 사용하려 할 때는 (사별과 같이 가장 순수하고 자연적인 불행에 대한 보상인 경우에도) 쉽게 허물어져 버리고 맙니다. 그런 믿음은 억지로 상상력을 동원해 무던히 애를 써야 비로소 유지될 수 있습니다. 우리는 그런 상상이 인위적이라는 사실을 스스로 잘 압니다. 지옥의 경우도 그렇습니다. 과거 성직자들의 '지옥불 설교'를 읽어 보면, 그들은 지옥의 끔찍한 광경을 생생하게 묘사하기 위해 엄청난 수고를 기울였음을 알 수 있습니다. 또 그토록 공포심을 유발했음에도 불구하고 사람들이 전과 다름없이 안이하게 살아가는 모습을 보고 심히 놀라워했다는 사실을 알게 됩니다. 사실 놀랄 일이 아니었는데도 말입니다. 그 성직자들은 인간의 자기 중심적인 신중함과 자기 중심적인 공포심에 호소를 한 것으로, 사실 그런 수준에서 생겨나는 믿음은 우리의 행동에 항구적인 영향을 미칠 수 없습니다. 흥분이 지속되는 몇 분 혹은 몇 시간 정도는 효과가 있을 수 있겠지만 말입니다.

이 모두는 저 개인의 생각일 뿐입니다. 어쩌면 개인적인 경험에 지나치게 의존한 생각인지도 모르겠습니다. 왜냐하면 저는 (다른 책에서 이미 밝힌 내용이지만, 불가피하게 다시 반복하면) 약 일 년간 내세에 대한 믿음 없이 하나님을 믿고 신앙생활을 해 본 경험이 있기 때문입니다. 비틀거림도 많았지만, 돌이켜 보건대 그 기간은 제 삶에 대단히 유익한 시간이었습니다. 그러므로 유대인들이 저와 같은 상태에 있었던 그 수세기의 기간에 그런 유익이 있었을 거라고 제가 추측하는 것은 어쩌면 당연한 일입니다.

물론 저와 다른 견해들도 얼마든지 있을 수 있습니다. 고대 유대인들도 지금의 우리처럼 믿음의 정도가 다양했습니다. 그들이 모두, 아니 그들 중 누구도 항상 아무 사심 없이 하나님을 믿었던 것은 아닙니다. 그들에게는 후대에 이르러 천국에 대한 소망(유감스럽게도 지옥으로부터의 도피가 주요 동기였던)으로 대체된, 이 땅에서 누릴 평화와 번영에 대한 소망이 있었습니다. 그 자체는 내세에 대한 신중한 염려 못지않게(그 이상은 아니지만) 아류 종교적인 것이었습니다. 그러나 그것은 이 땅에서 이룰 성공에 대한 지금 우리의 소망만큼이나 개인적이고 자기 중심적이지는 않았습니다. 고대의 개인은 지금 우리 시대에 비해 덜 자의식적이고 덜 격리된 존재였던 것 같습니다. 그 시대의 개인은 자신의 번영과 국가의 번영, 특히 후손의 번영을 명확하게 구분하지 않았습니다. 먼 후손의 복은 곧 자신의 복이기도 했습니다. 사실 시편에는 화자가 시인 개인인지, 이스라엘 국가인지 분별하기 어려운 경우도 많습니다. 시인의 머릿속에 양자가 구분될 수 있다는 생각조차 떠오르지 않았던 경우도 많았을 것입니다.

이러한 현세적인 소망이 유대교의 전부였다고 생각한다면 큰 오산입니다. 그것은 유대교의 특징도, 다른 종교들과의 차이점도 아니었습니다. 우리는 여기서 하나님이 자신의 백성을 인도해 오신 기묘한 길을 보게 됩니다. 수세기 동안 그 무자비한 채찍들을 통해, 숱한 패배와 유수幽囚 생활과 대량 학살 등을 통해 유대인들의 내면에는, 이 땅에서의 번영이 하나님을 만난 백성에게 보장되는 상급이—심지어 예상되는 상급도—아니라는 생각이 뿌리내리게 된 것입니다. 모든 희망은 결국 좌절로 끝났습니다. 욥기의 교훈은 냉혹한 현실 속에서 체험되었습니다. 만일 유대교가 "각기 (자신의own) 포도나무 아래와 무화과나무 아래에서"[27] 평화와 번영을 기대하는 희망만을 중심으로 하는 종교였다면, 고통스러운 세월을 거치는 동안 틀림없이 무너져 버렸을 것입니다. 물론 '떨어져 나간' 사람들도 많았습니다. 하지만 놀라운 사실은 유대교는 무너지지 않았다는 것입니다. 훌륭한 대표자들을 통해 그 종교는 점점 더 순수해지고 강해지고 심오해져 갔습니다. 끔찍한 훈련을 통해 유대교는 자신의 참된 중심부로 점점 더 깊이 인도되었던 것입니다. 다음 장에서는 이에 대해 다룰 것입니다.

---

27) 열왕기상 4장 25절 참조.

5
"여호와의 아름다움"

"그런 이야기는 이쯤 하고, 이제 흥겨운 이야기를 합시다."

지금까지—저도 어쩔 수 없었는데—이 책은 한 스코틀랜드 노파의 표현처럼 '시끄럽기만 한 도덕 훈화a cauld clatter o'morality'였습니다. 이제 드디어 좀더 나은 주제들을 다룰 차례가 되었습니다. 시편을 두고 '흥겨움mirth'을 말하는 것이 적당한지 의문을 갖는 사람이 있다면, 그야말로 세상의 다른 어떤 책보다도 시편이 우리에게 가장 잘 전해 줄 수 있는 무언가가 가장 절실한 사람입니다.

우리가 알고 있는 것처럼 다윗은 법궤 앞에서 춤을 추었습니다. 어찌나 몰입해 춤을 추었던지 그의 한 아내는 (아마 다윗보다 더 현대적인 인물—더 나은 인물은 아니었겠지만—이었을 텐데) 다윗이 스스로를 웃음거리로 만들고 있다고 생각했습니다. 그러나 다윗은 자신이 웃음거리가 되든 말든 전혀 개의치 않았습니다. 그는 주님 안에서 기뻐 뛰고 있었던 것입니다. 이 사실은, 유대교가 비록 참되고 영원하신 유일신 하나님을 경배했던 종교였지만 동시에 하나의 고대 종교였다는 사실을 상기시켜 주는 데 도움을 줍니다. 다시 말해 유대교는 외면적인 형식과 모습에서, 현대인들이 '종교' 라는 말에서 연상하는 숨막히는 분위기—조심조심 발끝으로 걷고, 목소리를 낮추어 말해야 하는 모습들—보다는 당시의 이교 분위기에 훨씬 가까웠습니다. 물론 이는 당시 유대교와 지금 우리 사이에 놓여 있는 장벽을 말해 줍니다. 지금 우리는 그러한 고대의 의식을 좋아하지 않습니다. 세계의 모든 신전들, 아테네의 우아한 파르테논 신전, 예루살렘의 거룩한 성전 등은 모두 신성한 도살장들이었습니다. (유대인들도 다시 이곳으로 돌아가기를 꺼려하는 것으로 보입니다. 그들은 성전을 재건하거나 희생 제사를 부활시키지 않았습니다.) 그러나 여기에도 양면이 있습니다. 성전에서는 피비린내가 났겠지만 구운 고기 냄새도 났을 것입니다. 그곳은 신성한 분위기뿐 아니라 잔칫집 같은 분위기도 풍겼을 것입니다.

어릴 적 성경을 읽으면서 저는 예루살렘 성전과 지역 회당들 synagogues의 관계가 지금 우리나라의 대성당과 지역 교회들의 관계와 같았을 것이라고 생각했었습니다. 그러나 실제로 성전과 회당 사이에는 전혀 그러한 연관성이 없습니다. 회당에서 하는 일과 성전에서 하는 일은 상당히 달랐습니다. 회당은 (누가복음 4장 20절이나 사도행전 13장 14절에서 알 수 있듯이) 유대인들의 회합 장소로 종종 특별한 방문객에 의해 율법책이 낭독되고 연설이 행해지던 곳이었습니다. 그러나 성전은 희생 제사를 드리던 곳으로 야훼 하나님에 대한 가장 중요한 예배가 드려지던 장소였습니다. 지금의 지역 교회는 양자 모두의 후예입니다. 설교와 교육은 회당에서 이어받은 요소들입니다. 또 교회는 성만찬과 기타 성례들이 행해지는 곳이므로 성전과 같이 하나님을 향한 온전한 예배가 행해지는 곳이기도 합니다. 성전이 없는 유대교는 중심 활동을 박탈당한 불구나 다름없습니다. 그러나 그리스도인들에게는 교회든 헛간이든 병실이든 들판이든, 모든 장소가 성전이 될 수 있습니다.

제게 시편의 가장 큰 가치는, 다윗을 춤추게 만든 즐거움 같은 하나님을 향한 즐거움이 표현되어 있다는 데 있습니다. 이는 후대의 기독교 성인들이나 신비가들이 도달한 것과 같은 순수하고 심오한 하나님 사랑의 체험이 표현되어 있다는 말은 아닙니다. 그것과 비교해서 하는 말이 아닙니다. 우리들 대부분이 자주 행하게 되는―감사하게도 항상 그런 것은 아닙니다―마지못한 '예배 참석'과 힘없이 처진 '형식적인 기도' 생활과 비교해서 하는 말입니다. 그에 비하면 시편에는 놀라우리만큼 강력하고 활기 있고 용솟음치는 무언가가 표현되어 있습니다. 선의의 시기심으로 바라보게 되는, 우리 자신도 거기에 감염되기를 바라는 무언가가 있습니다.

앞에서 말씀드린 대로 이러한 즐거움은 그들의 성전에 깊이 뿌리를 두고 있는 것입니다. 사실 그 단순한 시인들은 소위 '영적인 감각'(사실 적절하지 못한 용어입니다만)으로 하나님을 사랑하는 것과 그저 성전 제사 즐기는 것을 구별하지 못했습니다. 이에 대해 오해가 없기를 바랍니다. 유대인들은 그리스인들처럼 분석적이고 논리적인 사람들이 아니었습니다. 사실 그리스인들을 제외하고는 고대의 모든 민족이 그러했습니다. 오늘날 우리는 교회에서 진정으로 하나님을 예배하는 사람들과 그저 음악적이고 고풍古風 취향에 감상적인 이유로 '아름다운 예배'를 즐기고 있는 사람들을 쉽게 구별할 수 있지만, 그들에게는 그런 구별이 불가능했습니다. 오늘날 크리스마스나 추수감사주일을 맞아 교회에 나온 한 경건한 농부를 떠올리다 보면, 그들의 마음 상태를 가장 가깝게 추측해 볼 수 있습니다. 저는 지금 진실로 믿음이 있고 정기적으로 예배에 참여하는 농부를 말하는 것이지, 해마다 돌아오는 축일에나 찾아와 미지의 신께 고개를 숙이는(그러고는 잊어버리는) 이교도를(그야말로 최선의 이교도겠지만) 말하는 것이 아닙니다. 저는 진정한 그리스도인인 한 농부를 말하는 것입니다. 그러나 예배를 드리고 있는 그에게 그의 마음속에 있는 순수하고 종교적인 요소들과 나머지 다른 요소들—사람들과 함께 단체 행사에 참여하는 데서 오는 즐거움, 찬송가를 부르며 (또 모인 사람들을 보며) 얻는 즐거움, 그런 예배들과 관련해 떠오르는 여러 추억들, 땀 흘려 추수한 후의 휴식이나 예배 후에 있을 크리스마스 저녁식사의 기대감 등—을 구별해 보라고 요구하는 것은 그에게는 부당한 일이 될 것입니다. 그의 마음속에서 그것들은 모두 하나로 어우러져 있기 때문입니다. 고대인들, 특히 고대의 유대인들에게는 더욱 그랬습니다. 그들은 흙과 가깝게 살았던 농부였습니다. 그들은 종교와 구별된 음악이나 축제나 농사에 대해서는 들어 본 바가 없었으며, 그것들과 구별된 종교에 대해서도 아는 바가 없었습니다. 삶은 하나였습니다. 물론 이로 인해 그들이 조금 더 지성적인 사람들은 면제받는 영적인 위험에 노출되기도 했지만, 그런 이들에게는 없는 특권이 주어져 있기도 했습니다.

이처럼 시편 기자들이 주님을 '뵈었다'거나 '뵙기를' 간절히 원한다고 표현한 대부분의 경우는, 성전에서 그들에게 일어난 어떤 일을 뜻했습니다. 그러나 이를 두고 "그러니까 그들의 말은 축제를 보았다는 뜻일 뿐이야"라고 말한다면 크게 잘못된 것입니다. 그보다는 "만일 우리가 그곳에 있었다면, 우리 눈에는 축제만 보였을 것이다"라고 말하는 편이 더 낫습니다. 시편 68편 24-25절은 "하나님이여 그들이 주께서 행차하심을 보았으니 곧 나의 하나님, 나의 왕이 성소로 행차하시는 것이라 소고 치는 처녀들 중에서 노래 부르는 자들은 앞에 서고 악기를 연주하는 자들은 뒤따르나이다"[28]라고 노래하는데, 이는 마치 시인이 "보아라, 저기 주님이 오신다"라고 외치는 것과 같습니다. 만일 제가 그 자리에 있었다면,

저의 눈에는 연주자들과 소고 치는 처녀들만 보였을 것입니다. 물론 이와는 별개로 하나님의 현존을 '느꼈을' 수도 있고 아닐 수도 있겠지요. 그러나 고대의 예배자에게는 이러한 이원론이 없었습니다. 마찬가지로 어떤 현대인이 "내 평생에 여호와의 집에 살면서 여호와의 아름다움을 바라보"기를(27:4) 원한다고 말했다면, 그 말은 아마도 원칙적으로 예배 행위와 구별되며, 물론 성례나 그 밖의 교회 '예배'의 도움도 받기는 하겠지만 예배 행위의 필연적 결과가 아닌 영적 비전과 하나님 사랑을 자주 '느끼고' 싶다는 뜻일 것입니다. 그러나 그 시를 지은 시인에게는 '주님의 아름다움을 바라보는' 일과 예배 행위 자체는 구분될 수 있는 일이 아니었을 것입니다.

인간의 추상적이고 분석적인 사고 능력이 점점 커지면서 이러한 고대의 통일성은 깨졌습니다. 그리고 종교 의식儀式과 하나님을 만나는 것the vision of God을 구별할 수 있게 되자, 종교 의식이 하나님을 대신하는 대체물 혹은 하나님의 경쟁자가 될 수 있는 위험스러운 상황이 초래되었습니다. 일단 종교 의식이 별개의 것으로 생각되자 의식은 반역적이며 암적인 독자적 생명을 갖게 되었습니다.

어린아이들에게는 성탄절이나 부활절이 갖고 있는 두 가지 요

---

28) 아마 법궤가 운반되는 동안 불려진 노래로 추측됩니다.─지은이

소, 곧 종교적인 요소와 단순한 축제적인 요소를 구분할 수 없는 시기가 있습니다. 전에 저는 대단히 믿음 좋은 꼬마 녀석이 부활절 아침에 "초콜릿 달걀, 부활하신 예수님"으로 시작되는 노래를 지어 흥얼거리며 다녔다는 이야기를 들은 적이 있습니다. 그 아이의 나이에 비춰 볼 때 대단히 훌륭한 시이며 믿음이라고 할 수 있습니다. 그러나 그 아이에게도 자연스럽게 통일성을 즐길 수 없게 되는 시기가 곧 오게 됩니다. 그는 부활절이 갖고 있는 의식적이고 축제적인 면과 영적인 면을 구별할 수 있게 될 것입니다. 그렇게 되면 초콜릿 달걀은 더 이상 그에게 성례가 될 수 없습니다. 그리고 일단 그가 그 둘을 구별할 수 있게 되면 둘 중 하나를 우선시할 수밖에 없습니다. 만일 그가 영적인 것을 우선시하면 초콜릿 달걀을 통해 부활절의 의미를 맛보는 일이 여전히 가능합니다. 그러나 만일 달걀을 우선시하게 된다면 그것은 곧 그에게 또 다른 설탕과 자와 아무런 차이가 없게 됩니다. 그것은 독자적인 생명을 취해 곧 시들어 버릴 수밖에 없기 때문입니다.

유대교 역사의 어느 시점 혹은 어떤 유대인들의 경험 속에서 이와 유사한 상황이 발생했습니다. 통일성이 깨진 것입니다. 사람들은 이제 희생 제사 의식에 참여하는 것과 하나님을 만나는 일을 구분할 수 있게 되었습니다. 그러나 불행하게도 이것은 의식의 중요성이 약화되거나 사라지게 된다는 의미는 아니었습니다. 희생 제사 의식들은 여러 고약한 방식으로 오히려 전보다 더 중요해졌습니다. 사람들은 하나님이 그 많은 짐승 시체를 정말로 원하시고 (혹은 필요로 하시고) 계신다고 생각하게 되었고, 제사 의식은 다른 방법으로는 환심을 살 수 없는 탐욕스러운 하나님과 일종의 상거래로 여겨졌습니다. 더 심각한 문제는 그런 종교 의식을 하나님이 원하시는 유일한 것으로 여기고는, 의식만 충실히 이행하면 자비와 '심판'과 진실을 요구하는 말씀에는 순종하지 않고도 하나님을 만족시킬 수 있다고 생각하게 된 것입니다. 제사장들은 제사장들대로 모든 제사 의식을 주관하는 일이 직업이고 생계 수단이어서 중요시했을 것입니다. 그들의 허세와 자긍심과 경제적 지위가 모두 제사와 연결되어 있었습니다. 그들은 점점 더 정교하게 제사 의식을 만들려고 했습니다. 물론 유대교 내부에서도 이러한 행태를 어떻게든 교정해 보려는 노력을 기울였습니다. 선지자들은 거듭 이에 대해 비판의 목소리를 높였습니다. 심지어 성전 제사용 선집이라고 할 수 있는 시편에서조차 이를 비판하고 있습니다. 시편 50편에서 하나님은 백성에게 이 모든 성전 제사 자체가 중요한 것은 결코 아니라고 말씀하시며, 하나님에게 정말 구운 고기가 필요하다고 생각하는 전형적인 이교적 사고방식을 비웃고 계십니다.

"내가 배고프다고 한들 **너희에게** 달라고 하겠느냐?"(12절 표준새번역개정판).

이따금 저는 '현대의 성직자들에게도 하나님이 그와 유사한 질문을 던지시지 않겠나' 하는 생각을 할 때가 있습니다. '내가 음악을 원한다고 한들—내가 서구교회 예배 의식 전통에 대해 좀더 정밀한 지식을 찾고 있다고 한들—**너희를** 찾아가겠느냐?'

이러한 제사의 변질 가능성과 그에 대한 비판의 소리들은 이미 너무 잘 알려져 있어서 굳이 여기서 다시 강조하지는 않겠습니다. 대신 우리에게(적어도 저에게) 더 필요하다고 생각되는 것에 대해 강조하려고 합니다. 바로 우리가 시편에서 만나는, 하나님을 향한 기쁨과 즐거움이 그것입니다. 느슨하게든 긴밀하게든 기쁨과 즐거움은 늘 성전과 연결된 것이었습니다. 유대교의 살아 있는 중심은 바로 여기에 있었습니다. 시인들에게는 하나님을 사랑할 이유가 우리보다 훨씬 적었습니다. 그들은 하나님이 자신들에게 영원한 기쁨을 주셨다는 사실을 몰랐습니다. 그 영원한 기쁨을 주시고자 그분이 죽음도 감수하실 것이라는 사실에 대해서는 더욱더 몰랐습니다. 그럼에도 시편 기자들의 시에는 그분의 현존을 향한, 그분을 너무도 간절히 사모하는 마음이 표현되어 있습니다. 최고의 그리스도인들에게나 찾아오는, 그리스도인이 최고의 상태에 있을 때에나 찾아오는 그런 마음이 표현되어 있습니다. 그들은 평생을 성전에서 "여호와의 아름다움을 바라보며" 살고 싶어 했습니다 (27:4). 예루살렘에 올라가 하나님의 얼굴을 뵙기 원했던 그들의 갈망은 마치 육체적인 갈증과도 같았습니다(42:2). 그들에게 예루살렘은 그분의 현존이 "온전히 아름다운" 빛을 발하는 곳이었습니다(50:2). 그분을 만나지 못했을 때 그들의 영혼은 마치 물 없이 바싹 마른 황폐한 땅과 같았습니다(63:1). 그들은 "주의 성전의 아름다움으로 만족"하기를 갈망했습니다(65:4). 그들은 오직 그곳에서만 보금자리를 얻은 새처럼 쉴 수 있었습니다(84:3). 주의 집에서 즐겁게 보낸 한 날이 그들에게는 다른 곳에서 보낸 평생보다 더 나았습니다(84:10).

그동안 저는 이를 '하나님에 대한 사랑'이라는 말보다는 (다소 거슬리는 표현일 수도 있겠지만) '하나님에 대한 욕구'라는 말로 표현했습니다. '하나님에 대한 사랑'이라는 표현은 자칫 무언가 규제하고 부정한다는 의미의 '영적'이라는 단어를 연상시키기가 너무 쉽기 때문입니다. 이 옛 시인들은 자신에게 그러한 감정이 있다고 해서 스스로를 훌륭하다거나 경건하다고 생각했던 것 같지 않습니다. 또 그런 감정이 있다는 것을 특별한 은혜로 생각했던 것 같지도 않습니다. 그들은 미성숙한 사람보다 덜 우쭐거렸으며, 성숙한 사람보다 덜 겸손했습니다. 덜 놀라워했다고도 말할 수 있습니다. 거기에는 순리적이고 육체적인 갈망에서 볼 수 있는 밝고 자연스러운 맛이 있었습니다. 그것은 쾌활하고 유쾌한 것이었습니다.

그들은 기뻐하고 즐거워합니다(9:2). 그들은 수금으로 찬양합니다(43:4). 비파와 수금을 몹시 타고 싶어 하며 소리 높여 외칩니다. 비파야, 수금아, 깰지어다!(57:8) 그들은 외칩니다. 소고 치며, '아름다운 수금에 비파를 아울러', 기쁘게 노래하며 즐거이 소리칠지어다!(81:1-2) 그야말로 큰 소리noise를 지르자는 것입니다. 음악소리만으로는 충분하지 못하다는 것입니다. 너희 모든 만민들아, 미개한 이방인들아, 모두 손뼉치며 하나님께 외칠지어다!(47:1) 큰 소리 나는 제금으로, **높은** 소리 나는 제금으로 춤추며 찬양할지어다!(150:5) 멀리 있는 섬들도(유대인들은 뱃사람이 아니었기에, 모든 섬은 다 멀리 있었습니다) 다 함께 기뻐할지어다!(97:1)

지금 저는 이러한 흥겨운—가히 야단법석이라고도 할 만한— 분위기를 재현할 수 있다거나 재현해야 한다고 주장하는 것이 아닙니다. 그 이유 중 하나는, 지금도 우리에게 그런 분위기가 남아 있기 때문입니다. 그 좋은 예로 우리 영국 성공회를 드는 것은 억지입니다. 제가 보기에 가톨릭이나 정교회나 구세군 등에 그런 정서가 더 많이 남아 있습니다. 우리는 고상한 취향에 대해 끔찍할 정도로 관심이 많습니다. 그러나 우리 역시 뛰듯이 기뻐할 수 있습니다. 여기에는 훨씬 깊은 두 번째 이유가 있습니다. 우리 그리스도인들은 유대인들이 몰랐던 '영혼을 구속하기 위한 대가'에 대해 알고 있습니다. 그리스도인의 삶은 세례를 통해 어떤 죽음 속으로 들어가는baptized into his death 것으로서 시작합니다.[29] 우리의 가장 기쁜 축제는 그 찢긴 몸, 그 흘린 피와 더불어 시작되며, 거기

---

29) 로마서 6장 3절. "무릇 그리스도 예수와 합하여 세례를 받은 우리는 그의 죽으심과 합하여 세례를 받은 줄을 알지 못하느냐?"(Don't you know that all of us who were baptized into Christ Jesus were baptized into his death?)[NIV]

에 중심을 두고 있습니다. 그러므로 우리의 예배에는 유대교에는 없는 비극적인 깊이가 더해져 있는 것입니다. 우리의 기쁨은 비극적 깊이와 공존할 수 있는 그런 종류의 기쁨이어야 합니다. 우리는 유대교가 갖고 있는 단순한 멜로디 위에 영적인 대위선율을 가지고 있는 것입니다. 그렇다고 해서 제가 그 쾌활한 시편들에게 지고 있던 즐거운 빚debt이 사라지는 것은 결코 아닙니다. 그 시편들에는 지금 우리가 종교적인 것으로 여기기 어려운 요소들은 들어 있고, 어떤 이들이 종교의 필수 요소로 여기는 것들은 빠져 있습니다. 하지만 거기서 저는 온전히 하나님 중심적이며, 그 어떤 선물들보다도 하나님 자체를 더욱 갈망하는, 더할 나위 없이 즐겁고 의심할 여지없이 진짜인 어떤 경험을 발견합니다. 그 옛 시인들과 마주하는 것은 그들과 우리가 찬미하는 하나님에 대해 많은 것을 가르쳐 줍니다.

그런데 이러한 히브리 특유의 즐거움 혹은 흥겨움이 표현되는 또 다른 방식이 있습니다. 다음 장은 그에 관한 이야기입니다.

6
"꿀보다 더 단"

라신Jean Racine[30]의 비극 〈아탈리Athalie〉를 보면, 유대 처녀들이 이스라엘 민족이 시내 산에서 받았던 율법에 대한 찬가를 합창하는 장면이 나오는데(1막 4장), 거기에 '오 샤르망뜨 르와 ô charmante loi'라는 눈길을 끄는 후렴구가 나옵니다. 그 구절을 '오, 괜찮은charming 율법이여!'라고 번역하기에는 무리가 있을─거의 코미디에 가까울─것입니다. 영어 'charming'은 무언가 미온적이고 선심 쓰는 듯한 어감을 갖고 있는 단어로 쓰이고 있습니다. 오늘날 우리는 'charming'이라는 단어를 쓸 만한 별장이나 훌륭하다고 하기에는 조금 모자란 책, 아름답다고 하기에는 약간 부족

---

30) 1639-1699. 프랑스의 고전 비극 작가.

한 여인을 묘사할 때 사용하고 있습니다. 프랑스어 'charmante'를 어떻게 번역하면 좋을지 저는 잘 모르겠습니다. 매력적인? 매혹적인? 아름다운? 어느 것도 꼭 들어맞는 단어는 없는 것 같습니다. 다만 확실한 것은 라신은(굉장한 시인이요, 성경에 흠뻑 젖어 있던 작가인데) 현대의 그 어떤 작가보다도, 이제 우리가 살펴볼 시편들에 담긴 특이한 감정에 가장 근접해 있다는 점입니다. 그 특이한 감정은 처음에는 저를 완전히 어리둥절하게 만들었습니다.

"금 곧 많은 순금보다 더 사모할 것이며 꿀과 송이꿀보다 더 달도다"(19:10).

이 표현이 하나님의 자비나 도움 또는 성품에 대한 것이었다면, 우리는 충분히 이해할 수 있었을 것입니다. 그런데 지금 시인은 다름 아니라 하나님의 율법, 하나님의 명령에 대해, 모패트 박사의 번역에 따르면 그분의 '판정rulings'에 대해(9절에 보이는 여호와의 '법judgements'은 분명 행위에 대한 판결을 의미하므로) 말하고 있는 것입니다. 금과 꿀에 비교되고 있는 것은 하나님의 '법령'(커버데일 역)이며, 그것이 시인의 "마음을 기쁘게" 한다는 것입니다(8절). 이 시 전체는, 1장에서 다룬 '심판'이 아닌 율법에 대한 것이기 때문입니다.

처음에 저는 도무지 납득할 수 없었습니다. 인간이라면 '도둑질하지 말라', '간음하지 말라' 등의 '법령'을 존중할 수 있고 존중해야 하며, 지키려고 애쓸 수 있고 애써야 하며, 마음으로 동의할 수 있고 동의해야 한다는 사실은 충분히 이해할 수 있었습니다. 그런데 그것이 대체 어떻게 달콤하고 신나는 일인지 이해하기란 대단히 어려운 문제였습니다. 이 말씀은, **그 자체로서는** 죄가 아닌 어떤 강렬한 욕망들을 부인해야 하는 경우에는 더욱더 이해하기 어렵습니다. 가령 어떤 여자를 진심으로 사랑하지만 불행하게도 정신질환자 아니면 범죄자인 아내를 둔 남자의 경우, 혹은 갓 구운 빵과 뜨거운 커피와 신선한 딸기 향기가 진동하는 가게에 돈 없고 배고픈 사람이 혼자 있게 된 경우 등을 생각해 보십시오. 이들이 간음하지 말고 도적질하지 말라는 명령을 과연 꿀처럼 달게 여길 수 있을까요? 물론 그들은 명령에 순종할 수 있고, 그런 법령을 여전히 존중할 수도 있을 것입니다. 그러나 안타까운 처지에 놓여 있는 그들에게 그러한 법령은 분명히 신나고 달콤한 것이라기보다는 치과의사의 핀셋이나 최전방 같을 것입니다.

한번은 이 문제에 관해 신실한 그리스도인이자 훌륭한 학자인 사람에게 질문을 한 적이 있습니다. 그분은 사람이 율법을 지켰을 때 느끼는 만족감에 대해, 즉 '깨끗한 양심의 즐거움'에 대해 그 시인들이 말하고 있는 것이라고 대답해 주었습니다. "의무의 얼굴에―자신의 명령이 수행되었을 때―피어나는 '미소'보다 더 아름다운 것은 없다"라는 워즈워스William Wordsworth[31]의 말과 비슷

---

31) 1770-1850. 영국의 유명한 낭만파 시인.

한 의미라는 것이었습니다. 그분의 의견에 이의를 다는 것은 성급한 일이며, 그분의 관점 역시 분명 훌륭한 것입니다. 하지만 문제는 제 시각으로는 아무래도 시편 기자들의 말은 그런 의미가 아닌 것 같다는 데에 있습니다.

시편 1편 2절은, 의인은 "여호와의 율법을 즐거워하여 그의 율법을 주야로 묵상하는도다"라고 말합니다. 여기서 '묵상한다'는 말은 분명 순종한다는 말이 아니라(물론 의인이라면 순종도 하겠지만) '연구한다'는 말이며, 모패트 박사에 따르면 '골똘히 생각한다'는 의미입니다. 물론 여기서 '율법'은 단순히 십계명을 말하는 것이 아니라 레위기, 민수기, 신명기 등에 들어 있는 복합적 법률(종교법, 도덕법, 시민법, 형법, 심지어 헌법까지 포함하는) 전체를 말하는 것입니다. 율법에 대해 '골똘히 생각하는' 사람은 "이 율법책을 네 입에서 떠나지 말게 하며 주야로 그것을 묵상하라"(수 1:8)라는 여호수아의 명령을 따르고 있는 것입니다. 여기서 알 수 있는 한 가지는 율법은 하나의 학문이었다는 것, 말하자면 하나의 '학과'였다는 것입니다. 주석과 강의와 시험이 있는 것 말입니다. 실제로 어떤 고대 유대인이 "율법을 즐거워했다"라고 말할 때, 그 말의 의미 중 하나는(종교적으로는 가장 덜 중요한 의미인데) 오늘날 어떤 사람이 역사학이나 물리학이나 고고학을 "사랑한다"라고 말할 때의 의미와 대단히 유사한 것이었습니다. 여기에는 자신이 좋아하는 학과에 대한 순수한 즐거움이—물론 자연적인 것에 불과하지만—들어 있을 수 있지만, 한편으로는 자신의 학식에 대한 자부심 혹은 자만심, 문외한들을 업신여기는 마음도 들어 있을 수 있습니다. 심지어 자신의 소득과 사회적 지위를 보장해 주는 것이기에 그 학문을 숭상하는 지극히 계산적인 마음도 들어 있을 수 있습니다.

두 번째 가능성의 경우, 만일 문제의 그 학문이 사회적으로 신성하다고 공인된 것이라면 그 위험성은 열 배로 더 커집니다. 왜냐하면 그때는 평범한 현학적 자부심 위에 영적인 교만이 덧붙을 수 있기 때문입니다. 우리는 자신이 위대한 신학자가 아니라는 사실에 감사할 때가 (자주는 아니지만) 있습니다. 사람들은 위대한 신학자를 좋은 그리스도인으로 착각하기가 참으로 쉽기 때문입니다. 이에 비하면 위대한 문헌학자나 화학자가 받는 유혹은 사소하다고 할 수 있습니다. 신성한 주제에 대해 연구하는 오만하고 똑똑한 사람들은, 문외한인 사람들을 단순히 지식뿐 아니라 하나님 보시기에도 자기보다 못한 사람들로 생각하기 쉽습니다. "율법을 알지 못하는 이 무리는 저주를 받은 자로다"(요 7:49)라고 말했던 주님 당시의 제사장들처럼 말입니다. 이런 교만이 커질수록 그런 특권을 부여해 주는 학과 내지 학문은 점점 더 정교해지기 마련입니다. 금지 항목들이 점점 늘어나 급기야 그것들을 하나도 어기지 않고 하루라도 산다는 것이, 까다롭기 그지없는 탭 댄스를 추는 것 같이 어려운 일이 되고 맙니다. 이 지독한 그물망은 어떤 이들에게는 자기 의를, 어떤 이들에게는 헤어날 수 없는 불안감을 안겨 줍니다. 그 무성한 잡목들에 가려 "율법의 더 중(要)한 바" 의義 자체는 보이지 않게 되고, 급기야 율법학자들은 "하루살이는 걸러 내고 낙타는 삼키는" 자들이 됩니다.[32]

이처럼 율법은 종교 의례처럼 자기 나름의 암적인 생명을 가지고 자기 존재 목적을 도리어 해칠 수 있습니다. 찰스 윌리엄스 Charles Williams[33]는 "수단은 자율적이 되는 순간 치명적이 된다"라고 말했습니다. 율법이 처한 이러한 병적 상태가 성 바울이 율법으로부터 구원자이신 그리스도에 대해 감격했던 한 이유—유일하고 주된 이유는 아니었겠지만—였을 것입니다. 우리 주님의 말씀 중에 가장 호된 말들도 바로 이러한 병적 상태를 표적 삼은 것이었습니다. 그것은 서기관들과 바리새인들의 죄임과 동시에 그들에게 주어진 벌이었습니다. 그러나 저는 지금 이것을 강조하려는 것이 아닙니다. 사실 강조할 필요도 없습니다. 그보다는, 변질되기 이전의 좋은 상태가 무엇이었는지를 시편을 통해 살펴보고자 하는 것입니다.

모두 알고 있는 것처럼 시편 119편은 특별히 율법을 주제로 한 시로서, 시편 전체에서 가장 긴 시이기도 합니다.[34] 문학적 혹은

---

32) 마태복음 23장 23-24절 참조.
33) 1886-1945. 영국의 소설가. '잉클링스Inklings'라는 문학 클럽 멤버로 루이스, 톨킨 J. R. R. Tolkien 등과 함께 활동했다.
34) 시편 119편은 총 176절로 각 연에 8절씩 모두 22연으로 구성되어 있다. 176절 가운데 122절과 132절을 제외한 모든 절에 '율법'과 관련된 단어가 사용되었다.

기교적인 견지에서 보아도 가장 짜임새 있고 정교한 시라는 사실을 누구나 공감할 것입니다. 일련의 유의어들('말씀', '규례', '계명', '증거' 등)을 반복하고 있는 이 시는, 각 연이 여덟 절로 구성되었으며 알파벳 순서대로 연의 첫머리가 시작되는 다채로운 기법으로 쓰였습니다. (이는 고대인들의 귀에, 오늘날 우리가 각 연의 끝에 동일한 단어들이 다양한 순서로 반복되는 이탈리아식 운율 '세스티나 Sestina'를 들을 때 느끼는 즐거움을 주었을 것입니다.) 다시 말해 시편 119편은 시편 18편처럼 불현듯 시심詩心이 동해 쓰인 시가 아니며, 그런 척하지도 않습니다. 이 시는 하나의 양식pattern이며, 마치 장인의 기술과 열정으로 한땀 한땀 오랜 시간에 걸쳐 만들어진 자수 작품과도 같습니다.

제가 이런 점에 주목하는 이유는, 이는 우리에게 그 시인의 머릿속과 마음속을 엿볼 수 있게 해 준다고 생각하기 때문입니다. 먼저 그 시인이 자기 시에 대해 가졌던 것과 유사한 감정을 율법에 대해 가졌으리라 추측해 볼 수 있습니다. 왜냐하면 그 둘 모두 어떤 정교한 패턴에 정밀하고도 자발적으로 순응하는 태도와 관계된 것들이기 때문입니다. 그런 식의 태도는 물론 이후에 바리새인적인 생각으로 자랄 수도 있지만, 그 자체는 상당히 순수한 것— 반드시 종교적인 것만은 아니지만—이라고 할 수 있습니다. 공감할 수 없는 사람들은 이를 도덕군자처럼 까다롭고 학자처럼 꼼꼼하게 따지는 (심지어 결벽증적인) 태도로 볼 수도 있지만, 꼭 그렇게 볼 필요는 없습니다. 그것은 '질서Order'에 대한 사랑, 모든 것을—미뉴에트를 출 때처럼—'교범敎範대로' 행하고 싶어 하는 태도라고 볼 수 있습니다. 물론 그 시인은 자기 작업을 미뉴에트 따위와는 비교할 수 없을 만큼 중요한 일로 생각하고 있습니다. 또 그는 자기 일이 완벽할 수 없다는 것도 잘 알고 있습니다.

"아, 올곧은 길을 걷고, 당신의 법도를 지킬 수 있다면!"(5절 커버데일 역)

시인 역시 현재는 그렇지 못하다는 것입니다. 그러나 지금 그의 분투는 노예적인 두려움에서 비롯되는 것이 아닙니다. 신적 율법에 구현되어 있는 그 신적 정신의 질서는 그에게 그야말로 아름다운 것입니다. 가능한 한 그 질서를 자신의 일상생활에 반영하기 위해 애쓰지 않을 사람이 어디 있겠습니까? 그는 그 율례들을 '즐거워' 합니다(16절). 그것들을 연구하는 일은 그에게는 부귀를 누리는 일과 같습니다(14절). 그것들은 마치 음악과 같고, '노래'와 같습니다(54절). 그것들은 꿀처럼 답니다(103절). 그것들은 은이나 금보다 더 좋은 것입니다(72절). 사람의 눈이 열릴수록 주의 율법에서 놀라운 것들을 더 많이 발견하게 됩니다(18절). 이는 결코 까다로운 태도도, 꼼꼼한 태도도 아닙니다. 이것은 도덕적인 아름다움에 매료된 사람의 언어입니다. 이런 경험에 전혀 공감할 수 없는 사람이라면 그에게 문제가 있는 것입니다. 자신의 전통 문화가 "그리스도께로 인도하는 초등교사"[35] 역할을 해 준 중국의 그리스도인이 있다면, 그는 이 시에서 우리보다 훨씬 많은 것을 공감할 수 있을 것입니다. 왜냐하면 그 문화에서는, 삶에는 모름지기 질서가 있어야 하며 그 질서는 무릇 하늘의 질서를 반영해 주는 것이어야 한다는 것이 오랜 전통적 사상이었기 때문입니다.

그런데 이토록 진지한 시편 119편에서 주목해야 할 점이 또 있습니다. 시인은 세 번에 걸쳐 율법은 "참되다" 혹은 "진리이다"라고 말하고 있습니다(86, 138, 142절).[36] "그의 법도는 다 참되다"라고 말하는 111편 7절(커버데일 역)도 마찬가지입니다. (제가 이해하기로는 '참되다'라는 단어는 '신실하다' 혹은 '확실하다'로도 번역될 수 있습니다. 히브리적 의미에서 '참된' 것이란 '믿을 수 있는', '무너지지 않는'이라는 뜻을 갖고 있기 때문입니다.) 이에 대해 현대의 논리학자들은 "율법이란 일종의 명령인데 어떤 한 명령을 두고 '참되다'고 하는 것은 말이 되지 않는다"라고 말할 것입니다. "문이 닫혀 있다"라는 말은 참일 수도 있고 거짓일 수도 있지만, "문을 닫아라"라는 명령은 그럴 수 없는 말이기 때문입니다. 그러나 우리는 그 시편 기자들의 말을 이해할 수 있다고 저는 생각합니다. 그들의 말은 율법이야말로 우리 인생에 대한 '진정한', '올바른', 견실한, 그리고 안전한 교본이라는 뜻입니다. 율법이란 "청년이 무엇으로 그의 행

---

35) 갈라디아서 3장 24절 참조.
36) 개역개정판에는 '신실' '성실' 등으로 번역되어 있음.

실을 깨끗하게 하리이까?"(119:9)라는 질문에 답을 주는 것입니다. 율법은 갈 길을 비춰 주는 등불과 같습니다(119:105). 우리 주변에는 인생의 길을 가르쳐 준다는, 우리를 둘러싼 이교 문화들이 제시해 주는 여러 다른 교본들이 많습니다. 야훼의 '판정'이 '참되다'는 그 시인들의 말은, 하나님의 율법이야말로 '진실하고' '확실하며' 의심할 여지없는 교본이라는 굳은 확신의 표현입니다. 율법이야말로 세상의 본질과 하나님의 본질에 바탕을 둔 확실한 교본이라는 것입니다.

이러한 확신을 통해 그 시편 기자들은, 후대에 기독교계에서 벌어질 어떤 논쟁에서 그들이 진작부터 옳은 편에 서 있었음을 보여줍니다. 18세기의 어떤 신학자들은 "어떤 것이 옳기 때문에 하나님이 명령하신 것이 아니라, 하나님이 명령하셨기 때문에 그것이 옳은 것이다"라는 끔찍한 주장을 펼쳤습니다. 심지어 어떤 이는 자기 입장을 좀더 정확히 내세우기 위해 이런 주장을 펼치기도 했습니다. 곧, 하나님은 우리에게 하나님과 이웃을 사랑하라고 명령하셨지만, 만일 하나님과 이웃을 미워하라고 명령하셨더라면 그때는 미움도 옳다는 것입니다. 이는 하나님의 결정을 동전 던지기의 결과인 양 말하는 것이나 다름없습니다. 이 이론은 하나님을 독단적인 전제 군주로 묘사합니다. 이러한 윤리관이나 신관을 갖느니 차라리 하나님을 믿지 않고 윤리관이 없는 편이 더 나으며 더 종교적일 것입니다. 물론 그 시편 기자들은 이런 문제를 추상적이고 철학적인 용어로 다루지는 않았습니다. 하지만 그들은 이 문제에 관해 자신들의 생각 이상으로, 처음부터, 그리고 완전히 올바른 편에 서 있었습니다. 그들은 주님이 '의로우신' 분임을(단순히 주님께 대한 우리의 순종이 의로운 것이 아니라) 알고 있었고, 그분이 '의'를 명령하시는 까닭은 그분이 의를 사랑하시기 때문이라는 것을 알고 있었습니다(11:7). 그분이 무엇을 명령하시는 것은, 그것이 선한 것이고 그분 자신이 선하신 분이기 때문이었습니다. 그래서 시편 기자들에게 하나님의 율법은 '에메트*emeth*'(진리)를 가진 것, 다시 말해 하나님 자신의 본질에 뿌리내린 본질적 타당성 혹은 궁극적 실재성을 가진 것으로서, 그분이 창조하신 자연 만물만큼이나 견고한 것이었습니다. 시편 기자들은 이를 더욱 멋지게 표현하고 있습니다.

"주의 공의는 하나님의 산들과 같고 주의 심판은 큰 바다와 같으니이다"(36:6).

율법에 대한 그들의 즐거움은 마치 우리가 견고한 것을 접촉할 때 느끼는 즐거움 같은 것이었습니다. 지름길을 찾다가 그만 진창길을 만나 한참 고생한 후에 마침내 단단한 길을 밟게 되었을 때의 기분 같은 것 말입니다.

왜냐하면 다른 길에는 '진리'가 결여되어 있었기 때문입니다. 위치상으로나 종족상으로 유대인들과 가장 가까웠던 이웃 민족들은 그야말로 최악의 이교도들이었습니다. 그들의 종교에서는 그리스인들에게서 보이는 아름다움이나 지혜를 전혀 찾아볼 수 없었습니다. 그러한 주위 환경은 율법의 '아름다움'과 '달콤함'을 한층 돋보이게 만들어 주었습니다. 주변 종교들이 유대인들에게 끊임없는 유혹거리였고, 외형 면에서는 유대교와 크게 다르지 않았다는 사실도 율법이 그토록 부각된 이유 중 하나였을 것입니다. 아시리아 군대가 쳐들어올 때와 같은 공포의 순간이 찾아올 때면, 유대인들은 주변 이교도들이 행하는 끔찍한 의식을 따라해 보고 싶은 유혹을 받았습니다.[37] 불과 얼마 전까지만 해도, 아시리아처럼 철두철미하게 잔인하기로 악명 높은 적군[38]의 침략을 하루하루 두려워하며 살아 본 우리는 그들의 심정을 이해할 수 있습니다. 주님이 귀 먹으신 듯 보였던 그때, 유대인들은 자신들에게 엄청난 것을 요구하고 그 대가로 큰 것을 줄 것 같은 그 소름 끼치는 신들에게 유혹을 느꼈습니다. 평온한 시기를 살고 있던 유대인이라면, 아니 그렇지 못한 시기였더라도 훌륭한 유대인이라면, 그러한 이교의 예배를 볼 때—이교의 성전에서 벌어지는 매음, 남색 sodomy, 아기들을 불살라 몰록Moloch[39]에게 바치는 제사 등을 떠올릴 때—자기 종교의 '율법'이 얼마나 찬란한지 느끼지 않을 수

---

37) 열왕기하 16장 3절 참조.
38) 나치 독일군을 말함.
39) 셈족이 섬기던 신으로서 한때 이스라엘 민족 사이에서도 숭배했던 신. 사도행전 7장 43절 참조.

없었을 것입니다. 정말 그들에게 율법은 꿀보다 더 단 것이었습니다. 단맛이 특별할 것이 없다고 생각하는 사람이라면(지금은 설탕이 너무 흔해서), 그 은유가 와 닿지 않는 사람이라면, 산에서 마시는 생수나 토굴에서 나와 들이켜는 상쾌한 공기, 끔찍한 악몽에서 깨어날 때의 안도감 등을 떠올려도 좋을 것입니다. 그러나 이번에도 가장 좋은 이미지는 역시 시편에서 찾을 수 있습니다. 바로 시편 19편입니다.

저는 이 시를 시편 중에서 가장 훌륭한 시이자 세계에서 가장 뛰어난 서정시 중 하나라고 생각합니다. 대부분의 독자들은 이 시의 구조를 기억하실 것입니다. 처음 여섯 절은 자연을 그 다음 다섯 절은 율법을 노래하고 있으며, 마지막 세 절은 개인 기도로 이루어져 있습니다. 이 시에는 처음 여섯 절과 그 다음 다섯 절 사이의 논리적 연관성을 말해 주는 구절이 없습니다. 이 점에서 시편 19편은 현대시와 기법 면에서 유사하다고 할 수 있습니다. 현대시에서는 한 주제에서 다른 주제로 넘어갈 때 갑작스런 반전이 일어나고, 그 연결 고리를 찾는 일은 독자의 몫으로 남는 경우가 흔하기 때문입니다. 그러나 현대시는 대부분의 경우 시인의 의도가 상당히 담겨 있습니다. 즉, 시인의 머릿속에는 마음만 먹으면 얼마든지 분명한 논리적 산문으로 표현할 수 있는 완벽한 연결 고리가 들어 있으며, 다만 의도적으로 그것을 숨기고 있을 뿐입니다.

그런데 이 고대 시인의 경우는 아마도 사정이 달랐던 것으로 추측됩니다. 아마 시인은 앞부분과 뒷부분을 너무 긴밀한 것으로 느껴서, 그 둘은 (그의 상상력으로는) 사실상 같으므로 무슨 의도랄 것도 없이 자동으로 한 주제에서 다른 주제로 서슴없이 옮겨 갔던 것이 아닐까 하는 생각이 듭니다.

먼저 시인은 하늘을 생각합니다. 하늘에 펼쳐지는 나날의 장관이 어떻게 창조자의 영광을 보여 주는지를 생각합니다. 그 다음에 시인은 태양을 생각합니다. 즐거운 신랑이나 된 듯 신나게 떠오르는 일출에 대해, 매일매일 동쪽 끝에서 서쪽 끝까지 뛰어가는 그 놀라운 속도에 대해 생각합니다. 마지막으로 그는 태양의 열기에 대해 생각합니다. 우리나라에 내리쬐는 온화한 햇살이 아니라 언덕도 녹일 듯한 기세로 모든 틈 속을 파고드는 쨍쨍한 불볕에 대해 말입니다. 이 시 전체를 지배하는 핵심 구절은 6절의 "그의 열기에서 피할 자가 없도다"입니다. 태양빛은 강렬하고 순백한 열정으로 모든 곳을 다 꿰뚫습니다. 여기에 이르자 시인은 곧바로 7절에서 다른 주제로 넘어갑니다. 그러나 그에게는 전혀 다른 주제가 아닙니다. 왜냐하면 그에게 율법은 모든 것을 꿰뚫고 간파하는 햇빛 같은 것이었기 때문입니다. 율법은 '정결'(커버데일 역)합니다. 율법은 빛을 줍니다. 그것은 깨끗하며 영원합니다. 그것은 꿀보다 '답니다.' 누구도 율법에 대해 이보다 더 훌륭하게 표현할 수 없고, 어떤 것도 율법에 대한 옛 유대인들의 감정을 이보다 더 잘 말해 주지 못합니다. 그들에게 율법은 태양빛처럼 찬란하고 맹렬하며 살균력 있고 위세 있는 무엇이었습니다. 이 시인에게서는 전혀 자기 의를 찾아볼 수 없다는 사실은 굳이 언급할 필요도 없을 것입니다. 마지막 부분의 12절에서 그는 자신의 "숨은 허물"에 대해 말하고 있습니다. 시인은 율법을 어떤 그늘에 숨어도 결국 자신을 찾아내고야 마는 사막의 태양빛처럼 여겼습니다. 즉, 자기 영혼의 모든 구석구석을 샅샅이 파고드는 것으로 느꼈던 것입니다.

율법이 이처럼 아름답고 달고 소중한 것이라는 사상이 주변 이교와의 대비를 통해 생겨난 것이라면, 현대 사회는 그런 사상을 회복할 수 있는 충분한 여건을 우리에게 제공해 줍니다. 점점 더 우리 그리스도인들은 영적인 섬으로 고립되어 가고 있습니다. 기독교와 맞서는 새로운 삶의 방식들이 사방에서 우리를 포위하고 있고, 조수처럼 우리의 해변으로 밀려들고 있습니다. 그 중 어떤 것도 아직 고대 셈족의 종교만큼 추악하고 잔인한 것은 없습니다. 그러나 많은 것들이 개인의 권리를 전적으로 무시하고 있으며, 지금도 충분히 잔인합니다. 우리가 도저히 받아들일 수 없는 새로운 도덕을 제시하는가 하면 아예 도덕 자체를 부정하기도 합니다. 아마점점 더 우리는, 좀더 기독교적인 시대라면 그저 당연시했을 기독교 윤리의 그 깨끗한 공기와 '부드러운 사려분별성sweet reasonableness'[40]을 새삼 중요시하게 될 것입니다. 물론 그 경우

---

40) 영국의 시인이자 비평가인 매튜 아널드Matthew Arnold의 표현.

우리가 까다로운 도덕군자가 될 위험성도 그만큼 더 커지는 셈입니다. 어쩌면 "하나님이여, 저는 다른 사람들 같지 아니함을 감사하나이다"[41]라고 말하는 사람들이 될 수도 있습니다. 이는 저에게는 시편에서 가장 큰 난제인 다음 장의 주제로 우리를 이끌어 갑니다.

---

41) 바리새인의 기도. 누가복음 18장 11절 참조.

7
묵인

시편을 주의 깊게 읽어 본 사람은 알 것입니다. 시편은 단순히
악을 저지르는 일뿐 아니라 무언가 다른 일에 대해서도 엄중한 태
도를 취합니다. 26편 4절을 보면, 그 선한 시편 기자가 자신은 '허
망한'(거짓된) 일을 하지 않았을 뿐 아니라 '간사한' 사람들과 '동
행하지도', 가깝게 지내지도 않았다고 말합니다. 시인은 그들을
'미워했습니다'(5절). 31편 6절에서도 그 시인은 우상 숭배자들을
'미워했습니다.' 50편 18절을 보면, 하나님은 어떤 사람을 도둑이
라는 이유 때문이 아니라 도둑과 '연합'했다는 이유로 책망하고
계십니다(모패트 박사는 "너는 도둑만 보면 친구가 되는구나"라고 번역
했습니다). 141편 4-6절도 동일한 태도를 표현하고 있습니다. 139
편의 기자는 거의 우스꽝스러움이 느껴질 정도로 이렇게 묻습니다.

"여호와여 내가 주를 미워하는 자들을 미워하지 아니하오며 주를 치러 일어나는 자들을 미워하지 아니하나이까 내가 그들을 심히 미워하니 그들은 나의 원수들이나이다"(21-22절).

자기 임의대로 어떤 이들을 하나님의 원수로 판단해 미워하고, 악인이라고 생각되는 이웃들과는 사귀지도 않는 것, 자신을 그런 이들과는 가까이 지낼 수 없는 '너무 선한too good' 존재로 생각하는 것(비교적 사소한 죄라고 할 수 있는 속물근성 정도가 아니라 말 그대로 정말 자신을 '너무 선하다'고 생각하는 것), 이것은 분명히 위험하고도 가히 치명적인 태도라고 할 수 있습니다. 이는 우리 주님이 말씀하신 '바리새주의'로 곧장 이어집니다. 이는 단순히 악을 낳을 뿐 아니라 소위 '너무도 고결하신(신자) 분들the unco guid'[42]이 흔히 저지르는 어리석음을 낳습니다. 일단 이런 점을 전제해 두면서, 저는 시편에서도 이미 이러한 악이 움직이고 있다고 생각합니다. 그러나 우리는 바리새인들을 대할 때 바리새주의적이어서는 안 됩니다. 시편에서 그러한 구절들을 읽을 때, 거기서 그들이 씨름했던 난제를 읽지 못하고 무조건 바리새주의라고 비판만 한다면 그것도 어리석은 일입니다. 그 난제에 대해 저 역시 똑떨어지는 해답을 갖고 있지 못합니다.

우리는 자주 이런 이야기를 듣습니다. 어느 신문사의 편집 발행

---

42) 스코틀랜드 말로서 반감과 조롱이 섞인 표현.

인이 파렴치한이라는 이야기, 어떤 정치인이 거짓말쟁이라는 이야기, 어떤 공직자가 권한을 남용하고 심지어 부정까지 저지른다는 이야기, 누군가 자기 아내를 혹독하게 학대했다는 이야기, 어느 유명인사(영화배우, 작가 등)가 대단히 추악하고 야비한 생활을 하고 있다는 이야기 등등을 말입니다. 그러나 현대 사회에서는 누구도 그런 사람들을 만나기를 거절하거나 그들을 쌀쌀맞게 대하지 않는 것이 일반적인 모습입니다. 심지어 그런 이들을 일부러 찾아가는 사람도 있습니다. 파렴치한 신문이라고 욕하면서도 사람들은 여전히 그 신문을 구독합니다. 그 거짓말, 개인생활과 비극에 대한 야비한 침범, 불경스러움, 외설 등을 계속해서 행하라고 발행인에게 돈을 지불하는 것입니다.

앞서 이런 상황에는 어떤 난제가 포함되어 있다고 했는데, 사실 이 문제에는 두 가지 차원이 있습니다. 먼저 사회적인, 곧 정치적이라고도 할 수 있는 차원입니다. 이런 질문을 생각해 볼 수 있습니다. "파렴치한 행위에 대해 그 어떤 사회적 제재도 내려지지 않는 사회가 과연 건강한 사회인가" 하는 것입니다. 경우에 따라 한때 교수형 집행인들이 당했던 것처럼, 유명인사들이 사회에서 천민 취급을 당할 수도 있는 사회—모든 모임에서 배척당하고, 친구들에게 절교당하고, 정숙한 여성들에게 감히 말이라도 걸었다가는 단박에 뺨을 맞을 수 있는—라면 더 나은 사회가 아니겠냐는 것입니다. 이는 더욱 중요한 질문으로 이어집니다. "현재 우리 시민들의 일상생활에서 큰 문제는, 체념적 순복과 극단적 혁명을 이어 주는 중간 매개물이 없다는 데 있는 것이 아닌가" 하는 것입니다. 요즘에는 시민들이 작은 소동을 벌이는 일들이 사라졌지만, 관공서나 신문사들의 창문이 지금보다 더 자주 깨지고 길거리에서 (돌이 아니라 진흙 같은 것으로) 팔매질을 당하는 사람들을 자주 볼 수 있다면, 그것이 더 나은 사회일 수도 있다는 생각도 해 볼 수 있습니다. 야비한 횡포를 일삼아 즐거움을 만끽하는 사람이 정직한 시민이 동료들과 어울리며 얻는 즐거움까지 누린다면, 그것은 전적으로 바람직한 일만은 아닙니다. 이러한 질문에 대해 저 역시 명확한 답을 갖고 있지 못합니다. 제가 그려 본 사회로 방향 전환을 한다면 분명 많은 위험들이 도사리고 있을 것입니다. 하지만 [도덕적] 야성을 잃은 현재 우리 사회가 낳는 악 역시 그에 못지않게 큽니다.

여기서는 이 문제의 개인적인 차원만 다룰 생각입니다. 즉, "질 나쁜 사람들을 개인적으로 어떻게 대해야 하는가?" 하는 물음에 대해 생각해 보려고 합니다. '질 나쁜 사람들'이라는 말도 '권력 있고 부유하며 완고한 질 나쁜 사람들'로 제한하여 문제를 다루려고 합니다. 질 나쁜 사람들 중에서도 악한 행동으로 '재미를 보지' 못한, 소외되고 가난하고 가련한 처지에 놓여 있는 이들의 경우는 어떻게 대해야 하는지 그리스도인이라면 이미 답을 알고 있을 것입니다. 우물가의 사마리아 여인과 대화를 나누셨던 그리스도, 간음하다 잡혀 온 여인을 구해 주셨던 그리스도, 세리들과 함께 식사하셨던 그리스도가 우리의 본보기입니다. 이 말은 그리스도의 겸손과 사랑을, 그리고 사회적 불명예나 오해에 대해서는 전적으로 무관심하셨던 그리스도의 태도를 본받아야 한다는 뜻입니다. 꾸짖고 용서하시는 그분의 권위를 우리가 흉내낼 수 있다는 뜻은 결코 아닙니다. 그것은 성직에 있거나 나이가 지긋하거나 오랜 친분 관계를 유지하고 있거나 죄인들의 진지한 간청 등에 의해 특별한 자격을 부여받은 경우가 아니라면 심히 오만하고 무례한 태도입니다. (우리는 참견하기 좋아하며 조그마한 일에도 큰 은혜를 베푼 양 행세하는 자신의 성격을 '타락한' 죄인을 도와 주고 싶어 하는 소명감으로 착각하지 않도록, 어쩌면 하나님 보시기에는 우리가 훨씬 타락한 죄인이라는 사실을 잊지 않도록 늘 조심해야 합니다.) 물론 주님과 크게 다르지 않은 동기를 가지고 '세리와 죄인들'과 사귀는 사람들도 있을 수 있습니다.

당시 팔레스타인에서 세리는 쉽게 말하면 비시Vichy 정부[43]의 최하층 요원과 같은 사람이었습니다. 그들은 점령군을 대신해 동포들에게서 혈세를 받아 내고, 그 대가로 상당한 이익을 챙겼습니다. 그런 이유로 그들은 예전에 우리의 교수형 집행인처럼 사회에서 배척을 당했습니다. 그러나 세리들 중에는 상당한 재력을 쌓은 이들도 있었으며, 대부분은 분명 로마 정부의 보호와 (멸시 섞인)

---

43) 제2차 세계대전 당시 나치 독일에 부역한 프랑스의 친독 정부.

호의를 누리며 살았을 것입니다. 그렇기 때문에 세리들 주위에는
나쁜 속셈으로, 소위 '떡고물'이라도 얻어 볼 요량으로 그 위험한
이웃들과 교제했던 사람들이 있었을 것입니다. 주님과 함께 초대
받은 손님들 중에는 분명 아첨꾼들, 곧 '대세에 편승하려는' 자들
이 끼어 있었을 것입니다. 전에 제가 알고 지내던 한 젊은이와 같
은 사람들 말입니다.

그 젊은이는 옥스퍼드에서 공부할 때만 해도 강경한 사회주의
자였습니다. 그는 모든 것은 정부가 운영해야 한다고 주장했었습
니다. 개인 사업이나 자영업은 그의 눈에는 커다란 악으로 보였습
니다. 그 후 그는 교사가 되었는데, 10년간의 교직생활 후 어느 날
저를 찾아왔습니다. 그때 그의 정치관은 완전히 뒤바뀌어 있었습
니다. '그보다 더 완벽한 전향이 있을까' 하는 생각이 들 정도였습
니다. 그는 정부의 간섭을 치명적인 악이라고 생각하고 있었습니
다. 그의 생각이 바뀐 것은 그간의 교직 경험 때문이었습니다. 그
는 교육부 공무원들을 무지한 간섭꾼이라고 성토했습니다. 자기
과목이나 학생이나 학부모에 대해, 그 밖의 학교 현실에 대해 누구
보다 잘 아는 현장 교사들의 업무를 그저 행정권을 휘둘러 훼방을
놓기만 한다고 했습니다. 여러분이 그의 주장에 동의하는지 여부
는 이 이야기의 요지와 아무 상관이 없습니다. 중요한 것은 그는
그런 생각을 갖고 있었다는 점입니다. 그가 저를 찾아온 진짜 이유
를 듣게 되었을 때, 저는 너무 놀라 순간 숨이 멎는 줄 알았습니다.

그런 생각을 갖고 있으면서도, 그는 교육부에 자리 하나를 얻는 데 도움을 받을 수 있을까 해서 저를 찾아왔던 것입니다.

이것이 대세편승의 전형입니다. 정작 '이건 정말 구역질나는 횡포야'라고 생각하면서도, 그 즉시 '그렇다면 어떻게 해야 빨리 당하는 쪽에서 벗어나 힘 있는 쪽에 붙을 수 있을까?' 하고 기회를 찾는 것입니다. 만약 제게 영향력이 있어서 그 젊은이를 교육부의 누군가에게 천거해 주었다면, 모르긴 몰라도 그는 그 혐오하던 '간섭꾼'을 더없이 공손하고 우호적인 태도로 대했을 것입니다. 교육부 공무원에 대한 그의 평소 반감을 알고 있던 사람이라면 그의 공손한 모습을 보면서, 어쩌면 (사랑은 '모든 것을 믿는' 것이므로) 그를 죄는 미워하되 죄인은 사랑하는 순수한 기독교 정신으로 충만한 젊은이로 생각할지도 모를 일입니다.

물론 이는 가히 익살스럽게 느껴질 정도로 노골적이고 뻔뻔스러운 경우입니다. 우리 대다수는 아마 이런 식으로 처신하지는 않을 것입니다. 그러나 자신도 속을 수 있는, 좀더 교묘하고 좀더 사회적이며 지적인 형태의 대세편승이 있습니다. 호기심 때문인지 허영심 때문인지, 많은 사람들이 자기가 싫어하는 사람들까지 포함하여 '유명인사들'을 만나고 싶어 합니다. 그런 인사들을 만나는 일은 자신에게 무언가 화젯거리가 되는, (회고록 등을 위한) 쓸거리를 주는 일입니다. 혹 그 유명인사가 자기가 싫어하는 사람일지라도, 길에서 자신을 알아봐 주기라도 하면 자신이 뭐라도 된 듯한 기분을 느낍니다. 이런 사람이라면 기왕이면 그 유명인사와 더욱 친해지고 싶어 할 것입니다. 만일 여러분이 시골에서 놀러 온 사촌과 함께 런던 시내를 걷고 있는데, 그 유명한 친구가 저쪽에서 "여보게, 빌! 잘 지내나?" 하며 큰 소리로 인사를 해 온다면, 그것은 참 기분 좋은 일일 것입니다. 하지만 제 마음 자체가 크게 잘못되었는지는 잘 모르겠으나, 그리스도인이라면 포악하거나 음란하거나 잔인하거나 부정직하거나 심보 사나운 사람들과는 무례를 범하지 않는 선에서 가능한 한 만남을 피하는 것이 현명한 일이라고 생각합니다.

그런 사람들과 가까이 지낼 수 없을 만큼 우리가 '너무 선한' 사람이어서가 아닙니다. 오히려 그 반대로, 그런 사람들과 가까이 지내도 좋을 만큼 우리가 충분히 선하지 못하기 때문입니다. 우리는 그들과 함께 보내는 하루 저녁의 유혹들을 다 이겨 낼 수 있을 만큼 충분히 선하지 못하며, 발생하는 문제들을 다 처리할 수 있을 만큼 충분히 슬기롭지도 못합니다. 그들과 함께하는 시간 동안 줄곧 우리는 묵과하고 묵인하라는 유혹을 받습니다. 말과 표정과 웃음으로 '동의'해 달라는 유혹을 받습니다. "저 혼자 잘난 척한다"는 소리를 듣는 일을 누구나 (당연하게도) 두려워하는 시대인 만큼 이보다 더 큰 유혹은 없습니다. 물론 우리는 애써 찾지 않아도 원하든 원하지 않든 그런 자리에 있게 되기 마련입니다. 이는 정말 피할 수 없는 어려움입니다.

그런 자리에서 우리는 저급한 이야기를 마치 재미있는 이야기인 양 떠들어 대는 말을 듣습니다. 단순히 음탕한 이야기를 말하는 것이 아닙니다. 누군가와 신의를 깨뜨리지 않고서는 말할 수 없는 이야기들을 말하는 것입니다. 이는 쉽게 흘려 버리지만 제가 보기에는 훨씬 더 심각한 문제입니다. 흔히 동정이나 유머로 포장되지만, 우리는 그 자리에 없는 사람들에 관해 흉과 험담이 오가는 이야기를 듣습니다. 우리가 신성하게 여기는 것들이 조롱받는 이야기를 듣습니다. 잔인하지 않으면 다 '감상적인' 것에 불과하다는 듯 잔인함이 교묘하게 옹호되는 말을 듣기도 합니다. 모든 선한 삶의 바탕을 이루는 요소들, 곧 사심 없는 태도와 영웅적 용기, 진정한 용서 등을 명확한 말로 부정하지는 않지만(차라리 부정하면 그에 관해 토론이라도 할 수 있을 텐데), 어린아이들이 믿는 환상이나 바보짓 정도로 은근히 깎아 내립니다.

이런 자리에서 그리스도인은 대체 어떻게 처신해야 합니까? 분명한 사실은, 그러한 대화에 어떠한 저항도 하지 않고 참여하는 것은 대단히 옳지 못한 행동이라는 점입니다. 왜냐하면 그것은 적진敵陣에 조력하는 일이기 때문입니다. 그러한 태도를 접한 상대는 '신자들'도 일단 편안한 저녁식탁 자리에 앉으면 자기네와 똑같이 생각하고 느낀다고 믿게 됩니다. 이는 암묵적으로 우리의 주님을 부인하는 것입니다. 즉, "그 사람을 알지 못하노라"[44] 하는 식으로 처신하는 것입니다. 그렇다면 그런 상황을 맞을 때마다 빅토리아

여왕Queen Victoria[45]처럼 "나는 그런 이야기를 좋아하지 않는다"라고 밝혀야 할까요? 매번 "아니, 난 그렇게 생각하지 않아"라고 토를 달며 대화의 흐름을 끊어야 할까요? 아니면 그냥 자리를 박차고 일어나 나가 버려야 할까요? 이런 행동은 '신자들'에 대한 최악의 편견을 강화해 주는 결과를 낳을 뿐입니다. 그것은 바로 그들이 늘 말하는 무례하고 저 혼자 잘난 척하는 위인을 자처하는 격입니다.

침묵은 좋은 도피처입니다. 사람들은 우리가 생각하는 것처럼 쉽게 그것을 눈치 채지 못합니다. 그런데 대체로 더욱 강력한 방법을 사용할 수 있을 때에는 침묵을 즐기지 않습니다. 저는 잘난 척하는 것처럼 보이지 않으면서도 대화 중에 이의disagreement를 제기할 수 있다고 생각합니다. 독불장군식이 아니라 함께 토론해 본다면 충분히 가능합니다. 뜻밖에 어떤 사람이 혹은 여러 사람이 우리의 생각을 지지하고 나올 수도 있습니다. 대다수가 침묵으로 이의를 표시하고 있었다는 사실을 알게 되는 경우도 있습니다. 그로 인해 진지한 토론이 시작될 수도 있습니다. 물론 토론에서 우리 쪽이 질 수도 있습니다. 하지만 저는 그것이 그다지 중요하지 않다고 생각합니다. 수년이 흐른 후 여러분은 그때 이긴 그 사람이 실

---

44) 베드로가 예수를 부인할 때 했던 말. 마태복음 26장 74절 참조.
45) 1819-1901. 도덕을 강조하는 사회를 만든 것으로 유명함.

은 여러분의 말을 통해 깊은 영향을 받았다는 사실을 알게 될지도 모릅니다.

물론 악이 어느 선을 넘을 경우는 아무리 성공 가능성이 희박한 상황이라고 해도 반드시 맞서야 합니다. 모두들 냉소와 잔인함을 즐기고 있지만 나 혼자라도 분명한 태도로 항의해야 할 때가 있습니다. 그럴 때는 잘난 척하는 위인으로 보일 수밖에 없다고 해도 전면에 나서야 합니다.

중요한 것은 우리가 남에게 어떤 사람으로 보이는지가 아니라 우리가 실제로 어떤 사람인가 하는 점입니다. 가능한 한 적대적인 상황을 피하고 싶고 그냥 넘어가 버릴까 하는 유혹을 강하게 느끼면서도 어쩔 수 없는 상황에 직면해 상대와 맞섰다면, 실제로는 잘난 척하는 사람이 아닐 가능성이 높습니다. 반면에 틈만 나면 '간증하기'를 좋아하는 사람이라면 조금 더 위험성이 높을 것입니다.

남들에게 보이는 문제에 대해 생각해 보겠습니다. 도덕군자인 체하는 것은 분명 나쁜 일이지만, 어느 집단은 도덕적으로 너무 썩어서 오히려 한 번도 그런 말을 듣지 않은 게 심각한 문제일 수가 있습니다. 마찬가지로 학자인 체하는 것은 어리석은 속물근성이지만, 정확성 면에서 조금만 까다롭게 굴면 여지없이 그런 말을 듣게 되는 집단도 있습니다. 풍습이 너무 상스럽고 저속해서 (사회적 지위와 상관없이) 그저 평범한 취향을 가진 사람이 고상한 척한다는 소리를 듣게 되는 집단도 있습니다.

악한 사람들과 교제가 이렇듯 어려운 것은, 아무리 겸손과 용기를 갖추고 있다 해도 우리의 선한 의도만으로는 역부족이기 때문입니다. 그것은 하나님이 우리에게 주시지 않은 사회적·지적 재능이 요구되는 일입니다. 그러므로 가능한 한 악한 사람들과 교제를 피하려고 하는 것은 자기 의가 아니라 그저 신중한 태도일 뿐입니다. 선한 사람은 "오만한 자들의 자리"46)를 피하며, "그들의 진수성찬을 먹지"47)(다른 말로 표현하면, 따라서 웃고 칭찬해 주고 동의해 주고 인정해 주지) 않기 위해 악인들과 교제하기를 피한다는 시편 기자들의 말은 결코 틀리지 않습니다. 이렇게 본다면 "우리를 시험에 들게 하지 마옵소서"라는 기도는 "위험한 줄 알면서도 우리가 원할 때가 많은, 어깨가 으쓱해지는 초대, 흥미로운 만남, 화려한 시류에 편승하는 일 등을 제게 허락하지 말아 주십시오"라는 뜻을 갖고 있을 것입니다.

'묵인'에 대한 이러한 경고와 긴밀한 연관성을 지닌 것으로, 시편에는 혀로 짓는 죄들을 고발하는 내용이 많습니다.48) 저는 그러한 구절을 처음 대했을 때 다소 놀랐던 기억이 있습니다. 말보다는 칼이나 각목이나 횃불 등으로 훨씬 더 많은 악이 자행되었을 투박

<hr>

46) 시편 1편 1절 참조.
47) 시편 141편 4절 참조.
48) 그 중에는 말 자체에 어떤 힘이 내재되어 있어서 축복이나 저주의 말이 효과를 일으킨다는, 고대인들의 주술적인 생각이 반영된 것들도 있습니다.─지은이

하고 거친 시대에, 문명사회의 악이라고 할 수 있는 혀로 짓는 죄가 언급되었을 거라고는 거의 생각지 못했기 때문입니다. 그러나 실제로 시편에는 이보다 더 자주 언급되는 악이 없습니다. "그들의 목구멍은 열린 무덤 같고 그들의 혀로는 아첨하나이다"(5:9), "그의 혀 밑에는 잔해와 죄악이 있나이다"(10:7), "아첨하는 입술"(12:3), "거짓 입술"(31:18), "그의 입에서 나오는 말은 죄악과 속임이라"(36:3), 악인들의 "수군"거림(41:7), "남을 해치는 모든 말"(52:4), "그의 말은 기름보다 유하나 실상은 뽑힌 칼이로다"(55:21), 무자비한 "비방"(102:8) 등등. 이런 구절들은 시편 곳곳에서 찾아볼 수 있습니다. 수군대고 고자질하고 거짓말하고 욕설을 퍼붓고 아첨하고 헛소문을 퍼뜨리는 소리들이 귀에 쟁쟁하게 들려올 정도입니다. 여기에는 역사적 설명이 조금도 필요 없습니다. 지금 우리도 그와 똑같은 세상에 살고 있기 때문입니다. 그러한 온갖 독설과 감언의 합창 속에서 우리는 귀에 익은 목소리들을 알아채기도 합니다. 그 중에는 너무 귀에 익어 알아채기 힘든 목소리도 하나 있을 것입니다.[49]

---

49) 우리 자신의 목소리를 말함.

8
자연

시편 기자들의 자연관을 결정하는 요소에는 두 가지가 있습니다. 첫째 요소는 대다수의 고대 작가들과 공통된 것이고, 둘째 요소는 당시에는 절대적으로 유일무이한 것은 아니었다고 해도 대단히 드문 것이었습니다.

1. 그들은 대다수가 농부인 나라에서 살았습니다. 흔히 유대인이라고 하면 금융업이나 소매업 또는 대금업 등을 떠올립니다. 하지만 유대인들이 그러한 직업에 종사하게 된 것은 토지 소유를 금해 땅과 거리가 먼 직업들을 가질 수밖에 없었던 중세 시대 때부터입니다. 수세기 동안 그들의 직업이 현대 유대인에게 어떤 특징을 갖게 했든지 간에 그것이 고대 유대인들의 특징은 아니었습니다. 그들은 농부였습니다. 이웃의 재산을 탐낸 어느 왕의 이야기에

서도 알 수 있듯이, 그 재산이라는 것은 다름 아니라 포도원이었습니다.[50] 그는 악한 왕이라기보다는 악한 대지주에 가까운 인물이었다고 할 수 있습니다.

당시에는 누구나 땅과 가깝게 살았습니다. 누구나 토양과 날씨의 중요성을 피부로 느끼며 살았습니다. 어느 시기가 되기 전까지는 그리스인들이나 로마인들도 마찬가지였습니다. 즉, 오늘날 우리가 말하는 '자연 감상'은—도시 밖 전원 풍경을 즐긴다는 의미—그때는 존재할 수가 없었다고 할 수 있습니다. 도시가 드물고 규모도 작았으며, 대다수의 사람들이 땅에 의존해 살았던 곳에서는 특별히 '전원'이라는 것이 있을 수 없기 때문입니다. 따라서 알렉산드리아처럼 정말로 거대한 도시들이 생겨나기 전까지는, 고대 세계에서는 '자연을 읊은 시'라고 칭할 만한 것이 존재하지 않았습니다. 고대 문명이 멸망한 후 18세기까지도 존재하지 않았습니다. 그런 시대에서는 우리가 '전원'이라고 부르는 것이 그저 세상일 뿐이었습니다. 물고기에게 물이 그렇듯이 말입니다.

그러나 자연 감상이라고 할 만한 것이 아예 존재하지 않았던 것은 아닙니다. 실용주의적이면서 시적인 자연 감상은 있었습니다. 호메로스는 자연을 즐거워하며 노래했지만, 그가 말하는 아름다운 풍경이란 유용한 것, 즉 경작하기 좋은 땅, 풍부하고 깨끗한 물,

---

50) 아합 왕이 나봇의 포도원을 빼앗은 이야기를 가리킴. 열왕기상 21장 참조.

소들을 먹일 수 있는 목초지, 좋은 목재 등을 뜻했습니다. 유대인과 달리 배를 탔던 민족이어서 호메로스의 글에는 좋은 (자연) 항구도 언급되어 있습니다. 시편 기자들은 소설이 아니라 서정시를 쓴 것이어서 자연 풍경에 대해서는 그다지 언급하고 있지 않습니다. 하지만 날씨에 대해서는 매우 가슴에 와 닿게 묘사하고 있습니다. 제가 아는 그 어떤 그리스 문학보다 훨씬 감각적이며 즐거움이 넘칩니다. 마치 시골 농부가 직접 쓴 듯한 착각을 일으키게 하며, 식물의 즐거운 기분이 그대로 전해 오는 것 같습니다.

"땅을 돌보사…… 밭고랑에 물을 넉넉히 대사…… 또 단비로 부드럽게 하시고…… 작은 산들이 기쁨으로 띠를 띠었나이다…… 골짜기는 곡식으로 덮였으매 그들이 다 즐거이 외치고 또 노래하나이다"(65:9-13).

또 104편 16절은 (더 나은 모패트 박사의 번역에 따르면) "그 큰 나무들이 배부르게 물을 마신다"라고 말합니다.

2. 우리가 알고 있듯이, 유대인들은 하늘과 땅을 창조하신 유일신 하나님을 믿었습니다. 그들은 자연과 하나님을 분명하게 구분했습니다. 자연은 하나님이 만드신 작품이었습니다. 하나님은 다스리시는 분이고, 자연은 순종하는 존재였습니다. 이는 우리가 다 잘 알고 있습니다. 그런데 몇 가지 이유로 현대인들은 이런 믿음에 담겨 있는 진짜 의미를 놓쳐 버리기 쉽습니다. 특별히 이런 주제를 연구해 볼 기회가 없었다면 더욱 그러할 것입니다.

우선 창조의 이야기는 너무 진부한 이야기가 되었습니다. 우리
는 그저 그것을 당연시합니다. 대부분의 사람들은 모든 종교에는
나름의 분명한 창조 교리가 있다고 생각하는 것 같습니다. 즉, 이
교 사상에서도 어떤 신들이, 혹은 어떤 신이 세상을 창조했다고 말
하고 있다고, 그런 종교들도 "누가 이 세상을 만들었는가?"라는
질문에 답함으로써 출발한다고 말입니다. 그러나 사실 분명한 의
미로서의 창조는 놀라우리만큼 희귀한 교리입니다. 이교들에도
창조 이야기들이 등장하지만, 대부분 종교적으로 중요성이 없으
며 결코 그 종교의 핵심을 차지하고 있지 못합니다. 그것들은 그
당시에도 거의 동화에 가까운 이야기로 여겨졌습니다. 이집트의
한 신화는 아툼Atum이라는 신이 물에서 나와 스스로 두 신을 배
어 낳은 데서부터 이야기가 시작됩니다.[51] 다른 이야기에서는 모
든 신들이 눈Nun이라는 심해the Deep에서 나옵니다. 한 바빌로
니아 신화에 따르면, 하늘과 땅이 만들어지기 전에 압수Apsu라는
존재와 티아마트Tiamat라는 존재가 라무Lahmu와 라하무
Lahamu를 낳았고, 이들은 안샤르Anshar와 키샤르Kishar[52]를 낳
았습니다. 이 신화는 그 자식 부부가 부모보다 더 강했다고 말하므

---

51) 아툼은 이집트 헬리오폴리스에서 숭배되었던 태초의 빛을 나타내는 신으로서, 일반적
으로 인간의 선조라고 생각되었다. 아툼은 여자의 도움 없이 슈Shou와 테프누트
Tefnut를 입으로 토해 낳았다.
52) 라무는 지상을 파괴한 괴물로, 뜻은 '격노한 존재' 이다. 라하무는 라무의 아내이자 동
생이다. 안샤르는 하늘의 세계를, 키샤르는 땅의 세계를 상징했다.

로 이는 창조 신화라기보다는 진화 신화라고 할 수 있습니다. 고대 노르웨이(북유럽) 신화는 얼음과 불—어떤 북쪽과 어떤 남쪽—에 대한 이야기로 시작하는데, 한 거인이 생겨난 후 (자신의 겨드랑이에서) 아들과 딸을 낳습니다. 그리스 신화의 경우는 하늘과 땅은 이미 존재했던 것으로 전제합니다.

저는 이런 신화들의 조잡함을 비웃기 위해 내용을 언급한 것이 아닙니다. 이런 주제를 다루는 인간의 모든 언어는 어린아이의 것이든 신학자의 것이든 조잡할 수밖에 없습니다. 제가 말하려는 요지는 이렇습니다. 그 신화들은, 그들 자신의 관점에서 보더라도 우리가 말하는 의미의 창조 사상에는 전혀 미치지 못한다는 것입니다. 그들의 신화에서는 만물은 '무언가로부터 나오거나 무언가를 가지고' 만들어집니다. 그런 이야기들을 사실로 인정한다고 해도, 그것들은 여전히 이미 진행되어 왔던 발전 과정이나 세계사의 초창기 사건들에 대한 이야기일 뿐입니다. 그런 신화들에서는, 무대의 막이 걷힐 때에도 이미 어떤 '소품'들이 존재하고 모종의 드라마가 이미 진행 중이었습니다. 그것들은 "그 연극이 어떻게 시작되었는가?"라는 질문에 답을 제시해 주지 않느냐고 생각하는 분들이 있을 것입니다. 하지만 그런 질문은 뜻이 모호한 질문입니다. 10분 늦게 극장에 도착한 사람이 던진 질문이었다면, 그에 대해서는 "응, 처음에 마녀 세 사람이 등장했고, 그 다음에 어떤 나이 든 왕과 부상을 당한 군사가 나왔어" 등과 같은 대답이 나올 수 있을 것입니다. 사실 그런 신화들이 대답해 주는 것은 바로 이런 종류의 질문에 대해서입니다. 하지만 전혀 다른 질문이 있을 수 있습니다.

"연극은 어떻게 생겨나는가? 연극이 스스로 대본을 쓰는가? 배우들이 즉흥적으로 연극을 만들어 내는가? 아니면 무대에 나타나지 않는, 우리가 볼 수 없는 그 모든 것을 만들어 낸 누군가가 있는가?"

이런 질문은 드물게 제기되고, 대답 역시 드뭅니다.

물론 플라톤에게서는 유대-기독교적인 의미의 창조에 대한 분명한 신학을 찾아볼 수 있습니다. 그에 따르면 우주 전체는—그 존재 조건인 시간과 공간도 포함해서—완벽하고, 시간을 초월하며 timeless, 무엇에도 제약받지 않는unconditioned 하나님에 의해 만들어졌으며, 그 하나님은 자신이 만든 모든 것의 위와 밖에 계십니다. 그러나 이것은 한 탁월한 신학적 천재의 놀라운 지적 도약일 뿐(물론 '모든 빛들의 아버지'[53]이신 분의 도움을 받았을 테지만), 일반적인 이교 사상은 아닙니다.

우리는 이 독특한 유대 사상의 중요성을 좁은 의미의 종교적 차원에서는 잘 이해하고 있습니다. 그러나 그 사상에 따르는 의미들, 그것이 어떻게 사람의 생각과 상상력을 송두리째 바꾸어 놓을

---

53) 야고보서 1장 17절 참조.

수 있는지에 대해서는 간과하기 쉽습니다.

하나님이 자연을 창조하셨다는 말은, 하나님과 자연을 묶어 주는 말임과 동시에 그 둘을 떼어놓는 말입니다. 만드는 존재와 만들어진 존재는 분명 하나가 아니라 별개의 존재이기 때문입니다. 이처럼 창조 교리는 우선 자연에서 신성을 벗겨 냅니다. 이것이 얼마나 어려운—지속적으로 하기란 더욱더 어려운—일인지 지금 우리로서는 실감하기 어렵습니다. 욥기의 한 구절이 (나름의 시적 과장이 들어 있지만) 우리에게 도움이 될 수 있습니다.

"만일 해가 빛남과 달이 밝게 뜬 것을 보고 내 마음이 슬며시 유혹되어 내 손에 입맞추었다면 그것도…… 죄악이니"(욥 31:26-28).

절박할 때 사악한 신들을 찾는 유혹 따위는 여기서는 아예 논외입니다. 여기서 화자가 언급하고 있는 것은 지극히 자연스러운 충동입니다. 우리가 거의 무의식적으로 따를 수 있는 충동 말입니다. 그에게 태양이나 달을 숭배하는 일은 너무도 자연스러운 일, 아무 죄 될 것 없어 보이는 일이었습니다. 그것이 정말 죄가 되지 않았던 시대나 장소도 있었을 것입니다. 달을 숭배했던 인간들의 몸짓을 창조자께서 받아 주신 때도 있었을 것입니다. 사람들이 무지했던, 그래서 하나님이 '눈감아 주셨던' 시대가 있었을 것입니다(행 17:30). 그러나 욥기의 저자는 그렇게 무지했던 시대의 인물이 아니었습니다. 그러므로 그가 달을 쳐다보며 자기 손에 입맞추었다면, 그것은 죄가 되었을 것입니다. 그에게 그러한 충동은 하나의 유혹이었습니다. 지난 천 년간 그 어떤 유럽인도 느껴 보지 못한 유혹 말입니다.

그러나 창조 교리에는 또 다른 측면이 있습니다. 자연에서 신성을 벗겨 내는 그 교리는 또한 자연을 참된 신성을 가리켜 주는 표시, 상징, 현시로 만들어 주기도 합니다. 앞에서 인용한 바 있는 두 구절을 상기시켜 드려야겠습니다. 하나는 시편 19편으로, 샅샅이 파고들며 정화시켜 주는 태양은 샅샅이 파고들며 정화시켜 주는 율법을 상징하는 이미지로 쓰였습니다. 다른 하나는 36편입니다.

"여호와여 주의 인자하심이 하늘에 있고 주의 진실하심이 공중에 사무쳤으며 주의 공의는 하나님의 산들과 같고 주의 심판은 큰 바다와 같으니이다"(5-6절).

이처럼 자연물이 참된 신성을 가리키는 훌륭한 상징이 될 수 있는 것은, 자연물 그 자체로는 더 이상 신성한 것으로 여겨지지 않게 되었기 때문입니다. 태양신과 태양을 비교하거나 바다신 Neptune과 대해를 비교하는 것은 별 의미가 없습니다. 그러나 율법과 태양을 비교하거나, 하나님의 심판을 심해와 같다거나 바다처럼 신비하다고 말하는 것에는 많은 의미가 들어 있습니다.

물론 창조 교리는 자연을 하나님의 현존을 보여 주는 현시들과 그분이 부리는 창조된 에너지들로 충만한 곳이라고 말합니다. 빛은 그분의 옷이며—그것을 통해 우리는 부분적으로나마 그분을 봅니다(104:2)—우렛소리는 그분의 목소리일 수 있습니다(29:3-5).

하나님은 어두운 뇌운 속에 거하시며(18:11), 그분이 만지시면 그에 응해 화산이 폭발합니다(104:32). 세상은 온통 하나님의 사자使者와 집행인들로 가득합니다. 하나님은 바람을 자신의 사신으로 삼으시고, 불꽃을 자신의 사역자로 삼으시며(104:4), 그룹cherubim을 타시며(18:10), 천사들의 군대를 호령하십니다.

물론 이는 어떤 면에서 이교들과 대단히 유사하다고 할 수 있습니다. 토르 신Thor과 제우스 신Zeus도 우렛소리로 말했으며, 헤르메스Hermes나 이리스Iris는 신들의 사자였습니다. 그러나 우레 속에서 하나님God의 음성을 듣는 것과 어떤 신a god의 음성을 듣는 것 사이에는 미묘하지만 중대한 차이점이 있습니다. 앞에서 살펴보았듯이 창조 신화들을 보면 신들에게도 시작이 있었습니다. 그런 신들은 대부분 아버지와 어머니가 있습니다. 우리는 그들의 출생지가 어디인지를 듣게 되는 경우도 있습니다. 그들은 자존성self-existence이나 시간초월성timeless과는 거리가 멀었습니다. 그들도 우리처럼 선행하는 원인들에 의해 존재를 부여받은 존재들입니다. 그들도 우리처럼 창조물 혹은 생산물들입니다. 비록 우리보다 더 강하고, 더 아름답고, 죽음을 면제받았다는 면에서 우리보다 운이 좋은 존재들이기는 하지만, 그들도 우리처럼 세상이라는 우주적 드라마 속의 배우들이지 작가가 아닙니다.

플라톤은 이 점을 잘 이해하고 있었습니다. 그의 하나님은 그런 신들을 창조해서, 자신의 능력으로 그들을 죽음에서 보호해 주는 존재였습니다. 그 신들은 불멸성이 내재된 존재들이 아니었습니다. 다시 말해 하나님을 믿는 것과 여러 많은 신들을 믿는 것의 차이는, 단순히 하나를 믿느냐 여럿을 믿느냐 하는 산술적인 차이가 아닙니다. 누군가가 말했듯이 신들gods은 하나님God의 복수형이 아닙니다. 하나님에게는 복수가 있을 수 없기 때문입니다. 이렇게 우레 속에서 어떤 신의 음성을 들었다면 당신은 아직 한참 더 가야 합니다. 왜냐하면 어떤 신의 음성은 세상 너머에서, 창조 세계 너머the uncreated에서 오는 목소리가 아니기 때문입니다. 그 신의 음성을 물리친다면—혹은 그 신을 다른 누군가, 즉 하나님의 천사 혹은 종으로 간주한다면—우리는 더 나아갈 수 있습니다. 그때 그 우레는 덜 신성해지는 것이 아니라 오히려 더 신성한 것이 됩니다. 자연에게서 신성—혹은 신성들—을 제거함으로써 오히려 여러분은 자연을 참된 신성으로 채울 수 있습니다. 왜냐하면 이제 자연은 메시지를 날라 오는 사신이 되기 때문입니다. 어떤 의미에서 자연 숭배는 자연에게서 말을 빼앗아 간다고 할 수 있습니다. 마치 어린아이나 미개인이 우편 배달원의 유니폼에 넋이 나가 그만 편지 받는 것을 잊어버리는 것처럼 말입니다.

창조 신앙의 또 다른 결과는 자연을 그저 주어진 사실datum이 아니라 하나의 성취로 보는 것입니다. 시편 기자들은 자연의 견실성과 항구성을 즐거워하며 노래합니다. 하나님은 자신이 만드신 작품들에게 자신의 성품인 '진리emeth'를 주셨습니다. 그래서 그것들은 견고하고 견실하고 확실한 것들이지 결코 모호한 환영 같은 것들이 아닙니다.

"그가 행하시는 일(작품들)은 다 **진실하시도다**"(33:4).

"그가 말씀하시매 이루어졌으며 명령하시매 견고히 섰도다"(33:9).

"주는 주의 힘으로 산을 (굳게) 세우시며"(65:6).

하나님은 "땅에 기초를 놓으사 영원히 흔들리지 아니하게 하셨나이다"(104:5).

하나님은 모든 것을 견고하여 흔들리지 않게 만드셨고, 각각에게 활동의 경계를 주셨습니다(148:6). 시편 136편에서는 하나님의 자연 창조에 대한 이야기에서 어떻게 이스라엘의 출애굽 이야기로 자연스럽게 넘어가는지 주목할 필요가 있습니다. 시편 기자에게는 두 가지 사실 모두 하나님이 행하신 위대한 일이요, 위대한 승리였던 것입니다.

그러나 무엇보다 가장 놀라운 결과는 이것입니다. 앞에서 말씀드렸듯이 유대인들은 대다수의 고대인들과 마찬가지로 농사를 지어 생계를 꾸렸으므로 농부로서 관심을 가지고 자연에 접근했습니다. 유대인들에게 비나 풀은 '사람의 소용을 위한' 것이고, 포도주는 사람의 기분을 좋게 해 주는 것이며, 올리브 기름은 사람의 얼굴을 빛나게—호메로스의 표현을 빌린다면 껍질을 벗긴 양파처럼 보이게—해 주는 것입니다(104:14-15). 그러나 우리는 그들이 이런 수준을 뛰어넘는 모습도 발견합니다. 그들의 흥겨움과 감사는 사람에게 불필요한 것들도 포함합니다. 방금 인용한 시편 104편은 특별히 자연을 노래한 시로, 여기에는 유용한 가축, 기운을 돋워 주는 포도주, 영양 많은 곡물 등만 등장하는 것이 아닙니다. 들나귀들이 목을 축이는 샘(11, 12절), 황새를 위한 잣나무(17절), 산양과 너구리, 심지어 사자를 위한 높은 산(18, 21절), 그리고 거대한 고래들이 노니는, 유대인들이 가기 꺼려 했던 먼 바다들(26절)까지 등장합니다.

사람에게 불필요하고 해롭고 전적으로 무관하기도 한 동물들에 대한 이러한 감상—가히 동정이라고 할 만한—은 물론 우리 현대인들의 '동물 애호'와는 다른 것입니다. 동물 애호라는 것은 주로 피곤하고 허기진 몸으로 생존을 위해 짐승을 부려 본 경험이 없는 사람들, 위험한 야생 동물들이 모조리 제거된 곳에 사는 사람들이 가장 잘 실천하는 미덕입니다.[54] 그러나 이 유대 시인에게서 보이는 감정은 생동감 넘치고 신선하며 편애가 없습니다. 고대 북유럽 이야기들에서는, 용같이 해를 끼치는 동물은 인간들뿐 아니라 신들에게도 원수와 같은 존재로 여겨지곤 합니다. 이보다 더 심한 경

---

54) 부디 제 말을 그런 미덕을 경시하는 말로 오해하지는 말아 주십시오. 제 말은 만나는 동물이라야 그저 애완동물들이 전부인 우리의 경우에는, 그런 미덕은 그리 대단할 수 없다는 말입니다. 그런 미덕이 없다면 손가락질당해도 마땅하겠지만, 있다고 해서 특별히 칭찬받을 일도 아니라는 것입니다. 만약 힘들게 일하는 목동이나 짐마차꾼이 한결같은 마음으로 동물들을 극진히 대한다면 정말 칭찬받아 마땅하겠지요.—지은이

우로, 고대 그리스 이야기들에서는 어떤 신이 용을 보내 못마땅한 인간들을 죽이기도 합니다. 이 시편 기자에게서 보이는 명확하고도 객관적인 시각—사자와 고래를, 인간과 가축을 나란히 두는 것—은 대단히 드문 일입니다. 이것은 분명히 하나님을 만물의 창조자요 보존자로 보는 신관信觀에서 기인한 것입니다. 사자들을 언급하고 있는 104편 21절의 요지는 그들도 우리처럼 '먹이를 하나님께 구한다'는 것입니다. 이들 짐승들도 우리처럼 하나님께서 "때를 따라 먹을 것을 주시기를" 갈구합니다(27절). 147편 9절도 마찬가지입니다. 유대인들에게 까마귀는 부정한 새였지만 하나님은 우는 까마귀 새끼에게 먹을 것을 주십니다. 이처럼 자연에 대한 흥겨운 노래 속에 이런 짐승들이 포함될 수 있었던 이유는 분명합니다. 시인이 보기에 그들 역시 우리처럼 하나님께 의존하는 존재들이었기 때문입니다. 사자, 황새, 까마귀, 고래 할 것 없이 우리 모두는 선조들이 말했듯이 '하나님이 먹여 주시는' 존재들입니다. 그것들을 모두 함께 언급함으로써 하나님을 더욱 높이고 있는 것입니다.

이런 종류의 자연 시와 창조 교리 사이에는 연관성이 있다는 저의 생각을 지지해 주는 한 가지 기이한 증거가 있습니다. 이는 그 자체만으로도 대단히 흥미로운 것이어서 자세히 다루고 넘어갈 만한 가치가 있습니다. 저는, 일반적으로 볼 때 이교 사상은 자연으로부터 유대인들이 얻었던 것을 얻지 못했다고 말씀드렸습니다. 그런데 이에 반하는 증거로 보이는 한 가지 예가 있습니다. 시편 104편과 대단히 유사한 한 고대 이방 시가 그것입니다. 그러나 엄밀히 살펴보면, 우리는 이 시가 전혀 이교의 시가 아니라는 것을 알게 됩니다. 이교는 다신교인데 이 시는 유일신을 부르고 있으며, 그 유일신을 온 땅의 창조자로 높이고 있기 때문입니다. 따라서 이는 앞서 제가 일반화한 경우의 예외일 수는 없습니다. 고대 이방 문학에 (어느 정도) 유대인의 자연 시가 예기되어 있는 곳은 (어느 정도) 유대인의 신학이 예기되어 있는 곳이기도 합니다. 저의 관점으로는 이것은 충분히 예상할 수 있는 일입니다.

문제의 시는 기원전 14세기경에 쓰인 〈태양 찬가Hymn to the Sun〉라는 제목의 이집트 시입니다. 저자는 아멘호텝 4세Amen-hetep IV로서 스스로를 아크나톤Akhenaten이라고 불렀던 파라오였습니다. 이 이야기에 대해 이미 알고 계신 독자들도 많을 것입니다. 그는 한마디로 영적인 혁명가였습니다. 그는 조상들이 대대로 물려준 다신교 사상을 내던지고, 강제로 유일신 숭배를 확립하려고 하다가 이집트를 거의 조각 내다시피 한 인물입니다. 새로운 종교에 재산을 빼앗긴 기존 제사장들의 눈에 그는 분명 괴물 같은 존재였을 것입니다. 수도원 재산을 약탈한 헨리 8세Henry VIII[55]

---

55) 1491~1547. 1534년 수장령首長令으로 영국 국교회(성공회)를 설립. 이어 1536, 1539년에 수도원을 해산하고 그 소유지들을 몰수함.

처럼 말입니다. 아크나톤의 유일신 사상은 지극히 순전하고 관념적이었던 것으로 보입니다. 놀랍게도 그는 하나님과 태양을 동일시하지 않았습니다. 그에게 하늘의 태양은 다만 그 유일신의 현시일 따름이었습니다. 이는 실로 놀라운 도약입니다. 어느 면에서는 플라톤보다 더 놀라운 비약으로, 플라톤의 경우처럼 일반적 이교 사상과는 뚜렷하게 대조되는 것이었습니다. 그런데 지금 우리에게 알려져 있는 그의 혁명은 완전한 실패였습니다. 아크나톤의 종교는 그가 죽을 때 따라 죽었습니다. 거기서 아무것도 나오지 않은 것으로 보입니다.

물론 유대교가 부분적으로 거기서 나온 것이 아니라면 말입니다. 아크나톤의 종교에서 기인한 사상들이 훗날 모세가 교육을 받았다는 이집트의 '지혜'[56]의 일부를 형성했을 가능성이 있습니다. 그런 가능성 때문에 마음이 동요할 필요는 없습니다. 아크나톤의 신조 중 참된 것이 있었다면, 인간에게 오는 모든 진리가 그러하듯 모두 하나님으로부터 온 것이기 때문입니다. 아크나톤에게서 내려오는 전통들을 하나님이 자신을 모세에게 알리시는 일에 하나의 도구로 사용하셨을 수도 있습니다. 그러나 우리는 분명한 역사적 증거는 갖고 있지 않습니다. 또 아크나톤의 종교 사상이 실제로 이런 목적을 위한 도구로서 얼마나 적합한 것이었는지에 대해서

56) 사도행전 7장 22절 참조.

도 우리는 모르고 있습니다. 그것의 내면과 그것의 영성, 또 그것이 흘러나오고 북돋아 주었던 삶의 질이 무엇이었는지에 대해 지금 우리는 전혀 아는 바가 없습니다. 아크나톤은 무려 34세기가 지난 오늘날에도 여전히 상반되는 강렬한 반응들을 일으켜 내는 힘을 갖고 있습니다. 어떤 현대 학자는 그를 일컬어 역사에 기록된 '최초의 단독자the first individual'라고 하기도 하고, 어떤 이는 그를 괴짜요 변덕쟁이요 반쯤 미친 사람이요, 어쩌면 백치였을 거라고 말하기도 합니다. 우리는 아크나톤이 하나님의 가호와 열납하심을 받았기를 바라지만, 그의 종교는 역사적인 차원에서 볼 때 분명 그분의 가호와 열납하심을 받지 못했던 것이 분명합니다. 씨는 좋은 씨였는데 돌짝밭에 떨어진 것일 수도 있습니다. 아니면 그 씨 자체가 전혀 적당한 씨가 아니었을 수도 있습니다. 우리 현대인들의 눈에는 명료하고 개화되고 합리적인 유일신 사상이, 야훼 하나님을 그저 한 부족신 정도로밖에 그리고 있지 않는 초기 유대교 문서들보다 훨씬 좋은 씨로 보일 것입니다.

그러나 우리 생각이 틀렸을 것입니다. 우리 인간이 전 우주의 초물질적, 초시간적, 초월적 지반Ground인 존재를 어떤 철학적, 추상적 개념으로서가 아니라 초월적이지만 '우리로부터 멀지 않으신'[57] 주님으로서 우리가 두려워하고 사랑하고 대화하고 '맛볼

---

57) 사도행전 17장 27절 참조.

수' 있는 지극히 구체적인(우리보다 훨씬 더 구체적인) 분으로 알게 하려면, 그분은 그렇게 겸비하게—지역 제단, 전통적인 축제, 하나님의 심판과 약속과 자비에 대해 전수된 기억 같은 것들을 가지고—시작하실 수밖에 없었는지 모릅니다. 어떤 계몽은 지나치게 일찍, 지나치게 쉽게 오는 경우도 있습니다. 그런 초기 단계에 하나님을 태양처럼 너무 멀리 떨어져 있고, 너무 중립적이며, 너무 국제적이고 (말하자면) 너무 초교파적이며, 너무 특색 없는 분으로 예시하는 것은 열매 맺을 수 없는 일이었을 것입니다. 세례와 성만찬, 베들레헴 마구간, 갈보리 언덕, 빈 무덤 등이 최종 도착지인 우리에게는 할례, 유월절, 법궤, 성전 같은 것들이 좋은 출발점입니다. 왜냐하면 '최고층은 최하층 없이는 서 있을 수 없기' 때문입니다. 그대로 서 있지 못하고, 공중에 뜨고 부풀어 오른 후에는 마침내 끝없는 허공 속에서 자신을 잃어버리고 말 것입니다. 출입문이 낮기에 그곳에 들어가려면 어린아이의 키만큼 우리의 허리를 굽혀야 하는 것입니다.

따라서 아크나톤의 유일신교를 훗날의 유대교를 정확히 예기한 종교로 가정하고, 거기에서 의미심장한 종교적 함의를 이끌어 내는 것은 성급한 일입니다. 가령 이집트의 제사장들과 백성들이 그의 종교를 받아들이기만 했다면 하나님은 이스라엘을 선택하지 않으셨을 것이므로 이집트 예언자들을 통해 자신을 우리에게 계시하셨을 것이라는 식의 이야기들 말입니다. 지금 우리가 주목해야 하는 사실은, 아크나톤의 종교가 분명 유대인의 종교와 어느 정도 유사해서 그가 유대인의 시와 유사한 자연 시를 쓸 수 있었다는 점입니다. 그 유사성을 우리가 지나치게 과장하고 있는지도 모릅니다. 사실 〈태양 찬가〉에는 시편과 다른 점들이 있습니다. 어머니의 몸속에서 태아가 자라게 하시는 하나님, '자궁 속에서도 우리를 보살펴 주시는' 하나님, 병아리에게 껍질을 깨고 '최대한 크게 짹짹거리며' 나오도록 가르쳐 주시는 하나님을 찬양하고 있다는 점에서는 시편 139편 13-16절과 유사합니다. 또 아크나톤은 '당신은 당신의 뜻에 따라 땅을 창조하셨습니다' 라는 구절에서는 신약성경을 예기하기도 합니다.

"주께서 만물을 지으신지라 만물이 주의 뜻대로 있었고 또 지으심을 받았나이다"(계 4:11).

그러나 그는 사자를 우리의 동료나 의존자로 보지는 않습니다. 사자를 언급하고 있기는 하지만 "당신이 지면(일몰日沒), 세상은 죽은 것같이 어두워집니다. 사자들이 나오고 온갖 뱀들이 나와 뭅니다"라고 말하고 있습니다. 죽음이나 독사들과 더불어 사자 역시 잠재적인 원수로 그리고 있는 것입니다. 또 밤을 하나님도 거의 손쓸 수 없는 원수로 묘사하고 있기도 합니다. 이원론의 색채를 띠고 있는 것입니다. 그러한 차이점도 있지만 유사성이 있는 것도 사실입니다. 이 장의 주제와 관련해 중요한 것은 바로 그러한 유사성입니다. 시편처럼 아크나톤의 경우에서도 특정한 시가 특정한 신학과 어울려 나타나고 있습니다. 그러나 그런 시와 신학 양자의 완전하고 지속적인 발전은 유대교에 있습니다.

(지나가는 말입니다만, 어느 누가 이 외로운 고대 왕—괴짜요 교조적인 인물이었을지 모르나—이 마침내 자신의 희미한 감지를 훨씬 뛰어넘는 그 진리를 보고 즐거워하기를 바라는 마음 없이 이 장을 넘어갈 수 있겠습니까?)[58]

---

58) 요한복음 8장 56절 참조. "너희 조상 아브라함은 나의 때 볼 것을 즐거워하다가 보고 기뻐하였느니라."

9
찬양에 대한 한마디

이 장은 어쩌면 대부분의 사람들에게는 불필요한 내용일 수 있습니다(그러기를 바랍니다). 여기서 다루는 문제에 천착해 봤을 만큼 아둔했던 경험이 없는 분들이라면, 어쩌면 읽다가 웃음을 터뜨릴 수도 있습니다. 저는 그런 웃음에 조금도 반대하지 않습니다. 아무리 심각한 주제를 놓고 토론을 벌였다고 해도, 분위기를 잠시 새롭게 해 주는 웃음은 전혀 해 될 것이 없습니다. (제 경험으로 볼 때 가장 재미있는 우스갯소리는 심각하고 진지한 대화 중에 자주 등장합니다.)

처음 신앙에 끌리기 시작했을 때, 그리고 신앙을 갖고서도 꽤 오랫동안 저에게는 우리가 하나님을 '찬양'해야 한다고 목소리를 높이는 신앙인들의 귀 따가운 소리가 늘 걸림돌이었습니다. 우리

는 누구나 자신의 덕이나 지성이나 쾌활함에 대해 끊임없이 인정
받기를 원하는 사람들을 경멸합니다. 독재자나 백만장자나 유명
인사 주위에 떼 지어 있다가 그들의 요구를 만족시켜 주는 사람들
을 우리는 더욱더 경멸합니다. 하나님과 그분을 예배하는 이들에
관한 이러한 우스꽝스럽고도 끔찍한 그림이 계속 저의 머릿속을
맴돌았습니다. 특히 시편은 이런 면에서 골칫거리였습니다. "주님
을 찬양하라", "나와 함께 주를 높이세", "그를 찬양하라". (아니,
찬양은 왜 꼭 그렇게 명령하는 투로 나타날 때가 많을까요? 더구나 말하
지 않아도 이미 그렇게 하고 있을 게 분명한 고래나 눈보라 같은 것들한
테도 말입니다.) 더 큰 골칫거리는 하나님이 친히 하신 말씀으로 제
시된 다음 구절이었습니다.

"감사로 제사를 드리는 자가 나를 영화롭게 하나니"(50:23).

이는 마치 "내가 가장 원하는 것은 선하고 위대하다는 말을 듣
는 것이다"라는 말처럼 소름 끼치게 다가왔습니다. 그리고 가장
큰 골칫거리는, 그런 구절을 대할 때마다 어리석기 그지없는 이교
적인 거래가 연상된다는 점이었습니다. 고기가 잘 잡힐 때에는 우
상에게 제물을 바치고, 한 마리도 못 잡았을 때는 때려 부숴 버리
는 미개인이 연상되었던 것입니다. 시편 기자가 마치 이런 식으로
말하는 것처럼 느껴졌던 때가 여러 번 있습니다.

"당신은 찬양을 좋아하시지요? 저를 위해 이런 일을 해 주십시
오. 그러면 당신을 찬양해 드리겠습니다."

일례로 시편 54편은 "하나님이여 주의 이름으로 나를 구원하시고"(1절)라는 말로 시작하는데, 6절에는 마치 거래 조건인 양 "내가 낙헌제로 주께 제사하리이다 여호와여 주의 이름에 감사하오리니"라는 말이 덧붙여 있습니다. 또 시편 기자는 자신을 죽음에서 건져 주시기를 간청하면서 자신을 그냥 죽게 내버려 두시면 하나님은 더 이상 찬양을 받지 못하신다—스올에 있는 혼령들은 찬양할 수 없으므로(30:9, 88:10, 119:175)—는 점을 거듭거듭 이야기하고 있습니다. 게다가 찬양의 횟수가 중요하다는 생각을 갖게 하는 구절도 있습니다.

"내가 하루 일곱 번씩 주를 찬양하나이다"(119:164).

이러한 시편의 구절들이 저를 괴롭혔습니다. 정말 생각하고 싶지 않은 것을 생각하게 만들었습니다. 하나님에 대한 감사, 그분에 대한 경의, 그분에 대한 순종 등을 이야기하는 구절들은 이해할 수 있었습니다. 그러나 끝없는 칭송은 이해되지 않았습니다. 하나님에게는 찬양을 받으실 '권리'가 있다는 한 현대 작가의 글을 읽어 보았지만 도움이 되지 않았습니다.

지금도 여전히 '권리'라는 표현을 적절하다고 생각하지는 않지만, 이제 그 저자의 의도를 이해할 수 있을 것 같습니다. 일단 아무 권리가 없는 무생물에서 이야기를 풀어 나가는 것이 가장 쉬운 방법이 아닐까 합니다. 우리가 어떤 그림을 보면서 '감탄할 만한 admirable' 작품이라고 할 때 그 말은 무슨 의미입니까? 분명히 감탄을 받고 있는 작품이라는 말은 아닐 것입니다(물론 그럴 수도 있지만). 왜냐하면 나쁜 작품이라도 수많은 사람들에게 감탄을 받을 수 있고, 좋은 작품이라도 무시당할 수 있기 때문입니다. 또 시험을 잘 치른 어떤 응시자가 시험관으로부터 높은 점수를 받을 '자격이 있다'고 할 때—받지 못할 경우 한 사람의 권리가 부당하게 침해되는—그런 의미에서 감탄을 받을 '자격이 있다'는 말도 아닙니다. 어떤 그림이 감탄을 받을 '자격이 있다'는 말의 의미는 이런 것입니다. 그런 감탄이 그 작품에 대한 올바르고 적합하며 알맞은 반응이라는 것, 그런 감탄은 '낭비'가 아니라는 것, 감탄하지 못하는 사람은 어리석고 무감각한 사람이요 무언가 큰 것을 놓친 사람이라는 의미입니다. 자연과 예술에는 이런 의미에서 우리의 감탄을 받을 자격과 권리를 갖고 있는 대상들이 많습니다.

하나님에게는 찬양받으실 '자격이 있다'는 생각을 저는 이런 식의 접근 방법을 통해 나름대로 가장 잘 이해할 수 있었습니다(어떤 분들에게는 부적절해 보일 수도 있겠습니다만). 즉, '감탄한다'—다른 말로 '칭송한다'—는 말은 깨어 있고, 현실을 제대로 파악한다는 말이며, 하나님은 바로 그런 칭송을 받으실 대상입니다. 반대로 그분을 칭송하지 못하는 것은 가장 위대한 경험을 놓쳐 버리는 것이요, 결국 모든 것을 놓쳐 버리는 것이 됩니다. 이에 대한 희미한 이미지들을 우리는 완벽한 음치거나, 한 번도 누군가를 사랑해 본 적이 없거나, 한 번도 진실한 우정을 나눠 본 적이 없거나, 한 번도 좋은 책에 빠져 본 적이 없거나, 한 번도 뺨에 와 닿는 서늘한 아침 공기를 느껴 본 적이 없거나, (저는 여기에 속하는데) 한 번도 축구를 즐겨 본 적이 없는 불완전한 삶에서 찾아볼 수 있습니다.

물론 이것이 전부는 아닙니다. 하나님은 단순히 찬양받을 '자격이 있는' 최고의 아름답고 만족스러운 대상이 아니십니다. 그분은 입법자로서 우리에게 찬양을 명령하시는 분입니다. 유대인들은 제사를 드릴 것을 명령받았습니다. 우리는 교회에 가야 할 의무가 있습니다. 이것이 전에 저에게 문젯거리였던 것은 그때 제가 이 책 5장의 주제(주님의 아름다움)를 전혀 이해하지 못하고 있었기 때문입니다. 하나님은 예배를 받으시는 중에 사람들에게 자신의 현존을 나타내신다는 사실을 몰랐던 것입니다. 물론 예배가 유일한 길은 아닙니다. 그러나 많은 경우, '주님의 아름다움'은 주로, 혹은 오직 많은 사람들이 함께 모여 그분을 예배할 때 계시되었습니다. 유대교에서도 제사의 핵심은 사람들이 하나님에게 황소와 염소를 드린다는 데에 있었던 것이 아니라, 그것을 통해 하나님이 사람들에게 자기 자신을 주신다는 데에 있었습니다. 물론 지금 우리가 드리는 예배의 중심적 행위[59]에서도 이 점은 더욱 확연히 드러납니다—여기서는 주시는 쪽은 하나님이요 우리는 받는 쪽이라는 사실이 명백하게, 심지어 물리적으로도 나타납니다.

---

59) 성만찬을 말함.

간혹 하나님을 마치 찬사를 갈구하는 허영심 많은 여인이나, 생면부지의 사람에게 자신의 새 책을 선전하는 허영에 찬 작가처럼 여기는 사람들이 있습니다. 어떤 의미로든 하나님을 단지 우리의 예배를 필요로 하거나 갈망하는 분으로 여기는 딱하기 그지없는 사람이라면 "내가 가령 주려도 '네게' 이르지 아니할 것이다"(50:12)라는 말씀 속에서 답을 찾아야 할 것입니다. 설령 그런 우스꽝스러운 하나님을 생각할 수 있다 해도, 그분은 자신의 굶주림을 채우시기 위해 이성을 가진 창조물들 중 가장 열등한 존재인 '우리에게' 오시지는 않을 것입니다. 저는 우리집 강아지가 제 책을 인정하며 짖어 주기를 바라지 않습니다. 생각해 보니 아무리 열광적으로 제 책을 높이 평가해 주는 사람들이 있다 해도 그중에는 저를 그다지 기쁘게 하지 않는 사람들도 있을 것입니다.

그런데 저는 이상하게도 찬양—하나님에 대해서건, 다른 무엇에 대해서건—에 대한 아주 분명한 사실 한 가지를 오랫동안 놓치고 있었습니다. 저는 찬양을 찬사나 경의를 표하는 일로만 생각했습니다. 찬양은 기쁨이 자연스럽게 넘쳐나는—수줍은 마음에, 혹은 옆에 있는 사람이 지루해할까 봐 일부러 자제하지 않는 한(때로는 자제함에도 불구하고)—일이기도 하다는 또 한 가지 사실은 놓치고 있었던 것입니다. 세상은 온통 찬양소리로 가득합니다. 사랑하는 여인을 찬양하는 소리, 좋아하는 시인을 찬양하는 소리, 여행지의 풍경을 찬양하는 소리, 좋아하는 게임을 찬양하는 소리부터 날씨,

포도주, 음식, 배우, 자동차, 말, 대학, 나라, 위인, 아이, 꽃, 산, 진귀한 우표, 희귀한 딱정벌레, 심지어 정치인들이나 학자들에 이르기까지 말입니다. 저는 진실로 겸손하며 도량이 넓고 균형감 있는 사람들일수록 칭찬을 많이 하고, 괴짜요 적응하지 못하는 자요 불평만 늘어놓는 사람들일수록 칭찬에 인색하다는 사실은 놓치고 있었던 것입니다. 훌륭한 비평가는 불완전한 작품들에서도 칭찬할 점을 찾아냅니다. 반면 시원찮은 비평가는 끊임없이 금서 목록을 늘려 갑니다. 건강하고 꾸밈없는 사람은 아무리 화려한 환경에서 근사한 요리를 두루 경험하며 자랐다고 해도 소박한 음식에서도 칭찬거리를 찾아냅니다. 반면 소화불량 환자나 늘 까다롭게 구는 속물들은 모든 음식에 대해 트집을 잡습니다. 참을 수 없을 정도로 거슬리는 대상과 마주한 것이 아닌 한, 언제나 찬양은 우리의 내적 건강이 밖으로 표출되는 소리입니다. 실력이 모자라 찬양이 세련되지 못하고, 심지어 우스꽝스럽게 표현되는 경우에서도 마찬가지입니다. 지상의 연인들에게 바쳐진 많은 찬양 시들이 실은 우리의 조잡한 찬송가들만큼이나 조잡한 것들이었습니다. 만일 우리가 그런 사랑 시들을 공적으로 정규적으로 사용하기 위해 한데 모아 모음집을 만든다면, 그 책은 지금 우리가 보는 《신구 찬송가 모음집Hymns Ancient and Modern》만큼이나 우리의 문학적 감수성에 거슬리는 책일 것입니다.

또 하나 제가 놓치고 있었던 사실은, 사람들은 자기가 높이 평가하는 대상을 찬양할 때는 자연스럽게 타인에게도 그 찬양에 동참할 것을 강력히 권고한다는 점입니다. "어때, 그녀 정말 사랑스럽지 않아? 그거 정말 훌륭하지 않아? 그거 정말 대단하지 않아?" 하면서 말입니다. 모든 사람들에게 하나님을 찬양할 것을 권하는 시편 기자들의 행동은, 사람들이 자신이 좋아하는 것을 말할 때의 행동과 똑같습니다. 하나님을 찬양하는 것에 대해 제가 가졌던 문제는, 이렇듯 다른 모든 가치 있는 것들에 대해서는 기쁘게 하고 있는—실로 하지 않을 수 없는—일을 어리석게도 하나님이라는 최상의 가치 있는 존재에 대해서는 거부했던 데 있었습니다.

저는 우리가 우리에게 즐거움을 주는 것들을 찬양하기 좋아하는 까닭은, 찬양이 단순히 우리의 즐거움을 표현해 줄 뿐 아니라 완성해 주기 때문이라고 생각합니다. 연인들이 서로에게 거듭거듭 아름답다고 말해 주는 것은 단순히 찬사를 표하기 위함이 아닙니다. 그렇게 표현하지 않으면 그들의 즐거움은 완전해질 수 없기 때문입니다. 새로운 작가를 발견했는데, 그의 책이 얼마나 좋은지 이야기를 나눌 사람이 없다면 답답한 일이 아닐 수 없습니다. 모퉁이를 도는 순간 전혀 예상치 못한 유려한 계곡을 만났는데, 동행한 사람들이 시궁창에 빠진 깡통 대하듯 아무런 감흥이 없어 어쩔 수 없이 입을 다물고 있을 때도 그렇습니다. 혹은 아주 재미있는 우스갯소리를 들었는데, 이야기를 나눌 누군가가 없을 때에도(그런 우스갯소리를 정말로 좋아했던 사람이 일 년 전에 죽는 바람에) 그렇습니다. 또 우리가 적절하게 무언가를 표현할 수 없을 때에도—이것이 일반적인 상황이지만—마찬가지입니다.

그런데 만일 우리가 좋아하는 것들을 완벽하게 찬양할 수 있다면, 우리 안에서 터질 듯 솟아오르는 감흥을 시로나 음악으로나 그림으로나 완벽하게 '표출할' 수 있다면 어떻겠습니까? 그때는 실로 그 대상의 진가가 완전히 인정되는 것이요, 우리의 즐거움도 완전한 경지에 도달하게 되는 것입니다. 그 대상이 좀더 가치 있는 것일수록 이러한 즐거움은 더욱더 강렬할 것입니다. 만일 어떤 창조된 영혼이 최고의 가치 있는 대상이신 하나님을 완전히(제 말은, 유한한 존재로서 가능한 한도 내에서) '감상'할 수 있다면, 즉 그 대상을 사랑하고 즐거워함과 동시에 매순간 이 즐거움을 완벽하게 표현해 낼 수 있다면 어떻겠습니까? 실로 그 영혼은 최고의 복락 beatitude 상태일 것입니다. 이는 제가 '천국'을 천사들과 (이후에) 인간들이 끊임없이 하나님을 찬양하고 있는 상태로 말하는 기독교 교리를 이해하는 가장 쉬운 방식입니다. 음울하게도, 천국을 '교회에서 예배드리는 것' 정도로 생각하라는 말이 아닙니다. 왜냐하면 지금 우리의 '예배들'은 사실 그 집례에서나 우리의 참여하는 능력에서나 그저 예배하려는 시도들에 불과하기 때문입니다. 결코 완벽하게 성공할 수는 없고, 99.9퍼센트 실패할 때도 많으며, 완벽하게 실패할 때도 있는 시도들 말입니다.

지금 우리는 아직 기수들이 아니라 승마학교의 훈련생들입니다. 대부분의 우리는 낙마해 쑤시는 몸을 끌고 혹독한 훈련을 받고 있는 시간이, 어쩌다가 스스로도 신기해할 정도로 두려움도 사고도 없이 전속력으로 질주해 본 몇 번의 순간들보다 월등히 많습니다. 천국 교리의 진짜 의미를 알기 위해서는 우리 자신이 하나님과 완벽한 사랑을 나누고 있는 상태를 가정해야 합니다. 그 즐거움이 전달되지 못하고 우리 안에 답답하게 감금되어 있는 것이 아니라, 완벽하게 표현되어 우리에게서 끊임없이 물처럼 흘러나오고, 그러한 지극한 기쁨에 우리가 흠뻑 취해 녹아들어 가 있는 상태 말입니다. 이때 우리의 기쁨은, 거울이 받는 빛이 거울이 주는 빛과 분리될 수 없듯이 자신이 낳은 것이자 자신의 표현인 찬양과 분리될 수 없습니다. 스코틀랜드 장로교회의 교리문답은 인생의 가장 큰 목적이 '하나님을 영화롭게 하고 그분을 영원토록 즐거워하는 것'이라고 말합니다. 그러나 사실은 이 두 가지가 같은 것임을 알게 될 것입니다. 하나님을 완전히 즐거워하는 것이 곧 그분을 영화롭게 하는 것입니다. 하나님은 우리에게 자신을 영화롭게 할 것을 명령하심으로써 자신을 즐거워하는 삶을 살도록 우리를 초대하고 계신 것입니다.

존 던John Donne[60]이 말한 것처럼, 지금 우리는 그저 악기를 조율하는 중입니다. 오케스트라에 사용되는 악기들을 조율하는 일

---

60) 1572-1631. 영국의 성직자이자 시인.

은 그 자체로도 즐거울 수 있지만, 어느 정도 그 심포니 소리를 예상할 수 있을 때 즐거운 법입니다. 유대교의 제사 의식들과 지금 우리의 신성한 의식들 역시 일종의 조율 혹은 약속 같은 것들이지 실제 연주는 아닙니다. 따라서 제사와 의식들은 의무는 많고 즐거움은 적은—때로는 전혀 없는—일들입니다. 그러나 그 의무는 즐거움을 위해 존재하는 것입니다. 우리가 지금 '종교적 의무들'을 수행하는 것은 마치 메마른 땅에서 수로를 파고 있는 것과도 같습니다. 언젠가 물이 흐를 때를 대비하기 위해서 말입니다. 제 말은 대부분의 경우에 그렇다는 것입니다. 지금도 이따금 바싹 마른 고랑 위에 물방울이 똑똑 떨어져 흐르는 행복한 순간들도 있습니다. 이런 일이 빈번하게 일어나는 행복한 영혼들도 있습니다.

시편에 나타나는 거래의 요소, 즉 '이것을 해 주십시오. 그러면 당신을 찬양하겠습니다'에 대해 말하자면, 거기에는 분명 어느 정도 어리석은 이교 사상의 기운이 존재한다고 볼 수 있습니다. 제단에 한껏 피어오르는 불꽃에 불순물이 섞인 것입니다. 그러나 불순한 요소들이 불꽃의 본질은 아닙니다. 더욱이 우리는 그런 식으로 가장 조잡한 말을 하는 시편 기자들을 경멸할 수 있는 입장에 있는 것도 아닙니다. 물론 우리는 그들처럼 말실수를 하지는 않을 것입니다. 그러나 다행인지 불행인지 말없는 기도라는 것이 있습니다. 기도 중에 어느 순간 제가 하나님을 향해 품고 있는 생각에 대해 스스로 경악할 때가 있습니다. 얼마나 유치한 회유책을 쓰고 있

으며, 얼마나 터무니없는 권리 주장을 하고 있는지 모릅니다. 반의
식적인 상태에서 얼마나 우스꽝스러운 조정안 혹은 타협안을 제
시하고 있는지 모릅니다. 제 안에도 이교도의 마음, 미개인의 마음
이 어딘가에 자리 잡고 있는 것입니다. 불행하게도 이교의 그 어리
석고 간사한 요소들은 천진하고 아름다운 요소들보다 훨씬 질긴
생명력을 갖고 있는 듯합니다. 힘이 있다면 당신은 쉽게 그 피리소
리를 멈추게 하고 그 춤을 그치게 하고 그 신상들을 찍어 내고 그
신화들을 내버릴 수 있지만, 당신의 영혼 속에 있는 때로는 비굴하
게 때로는 거칠게 행동하는 욕심 많고 겁에 질린 미개인—하나님
으로부터 "네가 나를 너와 같은 줄로 생각하였도다"(50:21)라는 말씀
을 들을 것 같은—을 죽이기란 결코 쉬운 일이 아닙니다.

그러나 앞에서 말씀드린 대로 이 모든 것은 소수의 독자들에게
만 도움이 될 내용입니다. 나머지 분들에게는, 이렇게 한참을 돌아
분명한 것에 도달하는 이런 잘못된 코미디는 다만 관대한 웃음을
터뜨릴 기회가 될 뿐입니다.

10
두 번째 의미

이제 한층 어려운 주제로 넘어가려 합니다. 지금까지 우리는 시편을 우리가—혹은 제가—생각하는 그 저자들의 본래 의도에 따라 충실하게 읽고자 노력해 왔습니다. 그러나 이것은 그동안 그리스도인들이 시편을 읽을 때 사용해 온 주된 방식은 아닙니다. 그리스도인들은 시편에는 두 번째 의미, 숨겨진 의미, 성육신이나 수난이나 부활이나 승천이나 구속과 같은 기독교의 중심 진리들과 관련된 '알레고리적인allegorical' 의미가 들어 있다고 믿었습니다. 시편뿐 아니라 구약성경 전체를 그런 식으로 다루었습니다. 시편 저자들이 한 말의 완전한 의미는 그들의 사후에 일어난 사건들의 빛 속에서 비로소 충만하게 드러난다는 것이었습니다.

이런 식의 해석 방법에 대해 현대인들은 깊은 불신을 갖고 있는

데, 타당한 이유가 있습니다. 우리가 알고 있는 것처럼 우리는 마음만 먹으면 어떤 책이든 아전인수격으로 읽을 수 있기 때문입니다. 공상소설을 써 본 사람이라면 더욱더 공감할 것입니다. 평론가들은—호의적이든 적대적이든—소설 속에서 작가가 전혀 의도한 바 없는 온갖 종류의 알레고리적인 의미들을 찾아냅니다. (제가 쓴 책들에서도 얼마나 정교하고 흥미로운 알레고리들을 찾아내는지, 제가 정말 그것들을 의도했더라면 하고 종종 바랄 정도입니다.) 사람은 그 어떤 재주로도 다른 재주 있는 사람이 숨은 의미를 찾아낼 수 없는 이야기를 만들어 내지는 못하는 모양입니다.

일단 이런 해석 방법을 받아들이면 분명 자기 기만의 가능성이 활짝 열리게 됩니다. 그러나 그럼에도 불구하고 저는—이유는 나중에 말씀드릴 텐데—그리스도인으로서 우리가 성경을 다룰 때 그런 방법을 전적으로 버리기란 불가능하다고 생각합니다. 지금 우리 앞에는 어느 가파른 산이 솟아 있는 것입니다. 저는 그 절벽을 타고 산을 오르려는 시도는 하지 않을 것입니다. 다만 어떤 우회로를—언뜻 보기에는 정상까지 갈 수 없을 것처럼 보이지만—따라 올라갈 수밖에 없습니다.

일단 저는 성경이나 기독교와 한참 떨어진 곳에서부터 시작할 텐데, 어떤 말이나 글이 나중에 일어난 사건들의 빛 속에서 새로운 의미를 갖게 되는 예들을 찾아보겠습니다.

한 로마 역사가는 공중 목욕탕에서 시작된 것으로 보이는, 어느 소도시 화재 사건에 대한 이야기를 우리에게 들려줍니다. 당시 '고의적인 방화가 아닐까' 하는 의혹이 제기되었습니다. 왜냐하면 사건 전날 한 신사가 욕탕의 물이 미지근하다고 불평하자, 시중 들던 한 노예가 "곧 뜨거워질 것입니다"라고 대답했던 일이 있었기 때문입니다. 정말 음모가 있었고, 노예도 그 음모에 가담하고 있었으며, 발각될 위험마저 무릅쓰고 그런 은근한 위협의 말을 내뱉을 만큼 그가 멍청했다면, 이 이야기는 지금 우리와 아무 관계가 없습니다. 그러나 그 화재가 단순한 사고(누구도 의도한 사람이 없는 사건)였다고 가정해 봅시다. 그런 경우라면 그 노예는 자신이 아는 것보다 더 큰 진실, 더 중요한 진실을 자기도 모르게 말한 것이 됩니다. 물론 이 이야기에서 우연의 일치 외에 다른 무엇을 더 찾을 필요는 없습니다. 노예의 대답은 손님의 불평에 의해 완벽하게 설명이 됩니다. 즉, 그 대답은 목욕 시중을 드는 노예라면 누구나 했을 대답에 불과합니다. 그 말이 몇 시간 후에 그러한 심층적 의미를 갖게 된 것은 순전히 우연입니다.

이제 좀더 간단하지 않은 예를 들어 보겠습니다. (그리스 로마 고전을 잘 모르시는 독자들을 위해 말씀드리면, 로마인에게 새턴Saturn[61]의 '시대' 혹은 '통치'라는 말은 잃어버린 순수와 평화를 찾은 시대라는 의미였습니다. 타락 이전의 에덴 동산과 대충 상응하는 것으로 볼 수 있

---

61) 로마의 농업 신.

는데, 스토아 학파를 제외하고는 당시 누구도 중요하게 다루지 않았습니다.) 그리스도의 탄생과 그리 멀지 않은 시기에 베르길리우스 Publius Vergillius Maro[62]는 이렇게 시작하는 시를 한 편 썼습니다.

"위대한 시대들이 이제 새롭게 시작하는도다. 이제 그 처녀 Virgin가 돌아오고, 새턴의 통치가 돌아오며, 그 새로운 아이가 높은 하늘로부터 내려오는도다."

그리고 계속해서 이러한 탄생이 가져올 낙원의 시대에 대해 묘사하고 있습니다. 중세 시대에는 물론 베르길리우스에게 그리스도의 탄생에 대한 희미한 예언적 지식이─아마도 신탁집Sibylline Books을 통해─주어졌던 것으로 여겼습니다. 그는 일종의 이교도 예언자로 인정을 받았습니다. 현대 학자들은 아마도 이런 생각에 코웃음을 칠 것입니다. 아들의 출생에 관해 궁정 시인으로부터 그토록 엄청난 찬사를 받았던 귀족(혹은 왕실)이 누구였는지는 서로 의견이 다를 수 있겠지만, 그리스도 탄생과의 유사성은 이번에도 그저 우연으로 여겨질 것입니다. 그러나 아무리 줄잡아 말하더라도, 이 시의 내용은 앞에서 말한 목욕탕 노예의 말보다는 훨씬 인상적인 우연입니다. 이것이 운이라면 분명 비범한 운입니다. 기독교에 대한 광신적인 적대자라면 아마 악마적인 운이라고 충동적

---

62) BC 70-19. 고대 로마의 시인. 아우구스투스 시대의 번영과 신의 현명한 섭리를 믿었으며, 높은 윤리적 세계관을 강조했다. 중세에는 위대한 시인이자 예언자로서 숭배되었고 오늘날에는 '시성詩聖' 으로 불리고 있다.

으로 내뱉을 수도 있을 것입니다.

이제 앞에서 든 두 가지 예와는 차원이 다른 경우를 제시하려고 합니다. 이 예들도 앞의 것과 마찬가지로 어느 한 사람이 자신이 아는 것보다 더 큰 진실, 더 중요한 진실을 말하고 있습니다. 하지만 이 경우들은 단순한 우연으로 생각되지 않는 것들입니다. 우연이 아니라고 해서, 앞날을 초자연적으로 투시한다는 의미의 '예언'을 말하려는 것이 아니라는 점을 미리 밝혀 둡니다. 또 저는 이 예들을 기독교의 진리를 증명해 줄 증거로서 사용할 의도가 추호도 없습니다. 증명은 지금 우리가 다루려는 주제가 아닙니다. 다만 어떤 말이나 글이 저자가 가진 것 이상의 충만한 지식의 빛 속에서 두 번째 의미를 갖게 되는 경우들에 대해 우리가 어떻게 생각해야 하는지를 고찰하려는 것입니다.

상이한 경우들은 상이한 방식들로 다루어야 한다고 생각합니다. 아무리 인상적인 것이라고 해도 때로는 그 부대적 의미를 단순한 우연의 일치로 보아야 할 때가 있습니다. 그러나 (화자가 몰랐던) 그 후대의 진리가 그가 알았던 진리와 긴밀한 관계를 맺고 있는 경우들도 있을 수 있습니다. 그 역시 그 충만한 진리가 뿌리박고 있는 실재와 동일한 실재에 접촉하고 있어서 그렇게 유사한 진리를 맞힐 수 있었던 그런 경우들 말입니다. 그의 말들을 충만한 진리의 빛 속에서 읽고, 그의 말들 속에서 진리의 음성을 부대적, 곧 두 번째 의미로서 듣는 일은, 결코 우리가 그것들 위에 그에게 도

무지 낯선, 자의적인 부가물을 은근슬쩍 얹어 놓는 일이 아닙니다. 우리는 다만 그가 말하고자 하는 의미를 잘 어울리는 방향으로 확장해 나가고 있는 것입니다. 그의 말들과 그 충만한 진리는 둘 다 동일한 실재에 바탕을 두고 있는 것입니다.

이렇게 제가 말하려는 예들은 단순한 우연의 일치도 아니며, 그렇다고 해서 초자연적인 예견도 아닙니다. 세 가지 가상의 경우를 제시해 이를 설명해 보겠습니다. 첫째로, 성령으로 예언한다고 스스로 주장하는 한 성자聖者가 우주에 이러저러한 생명체가 있다고 말했다고 합시다. 그런데 훗날 우리가 우주를 여행하며(주께서 막아 주시기를!) 우주 곳곳을 오염시키며 다니다가 정말 어느 머나면 행성에서 그 성자가 말한 생명체를 발견했다고 한다면, 이런 것이 바로 가장 엄밀한 의미에서 예언일 것입니다. 또 그 예언자에게 초자연적 은사가 있었다고 할 수 있으며, 그의 다른 모든 말들도 진리로 추정하게 되는 증거가 됩니다. 둘째로, 과학에 무지한 공상소설 작가가 순전히 문학적 공상에 의해 한 생명체를 생각해 냈다고 합시다. 그런데 후에 정말 그것과 상당히 유사한 생명체가 발견되었다고 한다면, 이것은 그저 그 작가의 운일 것입니다. 경마에 대해 아무것도 모르는 사람도 일생에 한 번쯤 이기는 쪽에 돈을 걸 수 있듯이 말입니다. 셋째로, 어떤 위대한 생물학자가 동물의 유기조직과 환경의 관계를 설명하기 위해 가상의 환경에 적합한 가상의 동물을 생각해 냈다고 합시다. 그런데 후에 정말 그것과 대단히 유사한 생명체가(물론 그가 가정했던 것과 유사한 환경에서 살아가는) 발견되었다고 한다면, 이런 경우의 유사성은 적어도 우연이라고 말할 수 없습니다. 운이 아니라 그의 통찰력과 지식이 그런 생명체를 생각해 낸 것이기 때문입니다. 우주에 왜 그런 존재가 있는지, 왜 그의 강의에 그런 존재가 있었는지 공히 모두 생명의 본질에 의해 설명됩니다. 따라서 우리가 그의 강의를 다시 접할 때 그 실재의 생명체를 떠올리는 것은, 우리의 자의적인 공상을 그 본문에 가지고 들어가는 것이 아닙니다. 그 두 번째 의미는 거기에 잘 어울려 들어갑니다. 이제 제시하려는 두 가지 예들은 바로 이 세 번째 경우에 해당합니다. 물론 과학적 지식보다 더 미묘하고 인격적인 것—단순히 그 작가(화자)가 무엇을 알고 있었는지가 아니라 그가 어떤 사람이었는지—이 포함되었지만 말입니다.

플라톤은 그의 책 《공화국*Republic*》에서, 사람들은 흔히 의義가 가져오는 보상들—명예나 인기 같은 것—때문에 의를 숭상하는 경향이 있지만 의의 참 본질이 무엇인지를 알기 위해서는 의를 그런 것들로부터 떼어내어 완전히 발가벗은 상태에서 보아야 한다고 주장하고 있습니다. 아울러 그는 완벽하게 의로운 사람이 주변 모든 사람들로부터는 악한 괴물로 취급받고 있는 상황을 그려 보라고 말합니다. 완벽한 의인임에도 불구하고 결박되어 채찍질당하고 마침내 말뚝에 꿰어 찔리는(십자가형에 상응하는 페르시아의 형벌) 모습을 말입니다. 그리스도인이라면 이 구절에서 깜짝 놀라 자기 눈을 한번 비벼 보게 될 것입니다. 아니, 대체 어찌된 일인가? 이것도 그저 또 하나의 운 좋은 우연의 일치란 말인가? 그러나 곧 여기에는 결코 운으로 돌릴 수 없는 무언가가 있음을 알게 될 것입니다.

어쩌면 베르길리우스의 시와 목욕탕 노예의 경우는 거의 분명히 자기 말이 가리킬 수 있는 중요한 진실과 '전혀 상관없는' 이야기를 했던 것일 수 있습니다. 플라톤 역시 악하고 몰지각한 세상속에 처한 의의 운명에 대해 말하고 있습니다. 그러나 그의 경우는 단순히 그리스도의 수난과 아무 상관없는 이야기를 하고 있다고 볼 수는 없습니다. 그가 말하는 진실에 대한 최고의 예증이 바로 그리스도의 수난이기 때문입니다. 만일 플라톤이 그 당시의 스승 소크라테스의 죽음―가히 순교―에 감동을 받아 그런 글을 썼다 해도, 이는 그리스도의 수난과 전혀 상관없는 이야기가 아닙니다. 소크라테스의 불완전하지만 숭고한 선이 편한 독약 사형으로 이어지고, 그리스도의 완벽한 선이 고통스러운 십자가 사형으로 이어진 것은, 두 경우 모두 우연 때문이 아니라 동일한 이유 때문입니다. 바로 선은 선이고, 타락한 세상은 타락한 세상이라는 이유 말입니다. 만일 플라톤이, 소크라테스라는 한 예와 선의 본질과 세상의 본질에 대한 자신의 통찰에서 시작하여 완벽한 예의 가능성을 생각하게 되어서 그처럼 그리스도의 수난과 너무도 닮은 무언가를 묘사하게 된 것이라면, 이는 그가 운이 좋았기 때문이 아니라 그가 현자賢者였기 때문입니다. 알고 있는 나라가 영국뿐인 사람이 높은 산일수록 초봄에 더 오랫동안 눈이 쌓여 있는 것을 관찰하면서 일 년 내내 눈이 쌓여 있는 산도 있을 수 있겠다는 상상을 하게 되었다면, 이때 그의 상상 속 산과 실제 알프스 산 사이의 유사성은 단순한 우연이 아닙니다. 그는 정말 그런 산이 있는지 몰랐을 것입니다. 아마 플라톤이 자신이 말한, 처형당하는 선에 대한 완벽한 이상적 경우가 실제로 역사적 사건이 되리라는 것을 몰랐듯이 말입니다. 그러나 만일 눈이 쌓여 있는 산을 상상한 사람이 실제 알프스 산을 보게 된다면 "정말 기이한 우연의 일치로군"이라고 말하지는 않을 것입니다. 그는 아마 "저길 봐! 내가 뭐라고 했어?"라고 말할 것입니다.

죽음을 당했다가 다시 살아나서 자신의 숭배자들과 자연의 생명을 새롭게 변화시켜 주는, 여러 이교 신화들에 나오는 신들에 대해서는 어떻게 생각해야 할까요? 기이하게도, 기독교 신앙에 대단히 적대적인 인류학자들도 이에 대해서는 "그 유사성은 우연이 아니다"라고 말한다는 점에서 많은 그리스도인들과 생각이 일치합니다. 물론 인류학자들과 그리스도인들은 서로 다른 이유에서 우연이 아니라고 말하는 것입니다. 인류학자들의 말은 이런 의미입니다.

"그 모든 미신들은 초기 인간의 사고와 경험 속에, 특히 농사 경험 속에 그 공통된 원천이 있다. 당신들의 그리스도 신화와 발데르

Balder[63] 신화가 비슷한 것은 그 기원이 동일하기 때문이다. 같은 가족이어서 그렇게 유사하다는 이야기다."

그리스도인들의 생각은 두 부류로 나누어집니다. 이교 사상을 악마가 직접 만들어 낸 작품으로 믿었던 (일부) 초대교부들은 이렇게 말할 것입니다.

"악마는 처음부터 거짓말로 인류를 오도하려 했다. 능숙한 거짓말쟁이들이 모두 그렇듯이 악마도 자신의 거짓말을 최대한 진실과 비슷하게 보이게끔 만든다. 중요한 지점에서 인간을 빗나가게 만들기 위해서는, 그 거짓말들은 진리와 비슷하면 비슷할수록 더욱 효과를 발휘할 것이다. 악마를 하나님의 원숭이라고 부르는 이유가 바로 거기에 있다. 악마는 늘 하나님을 흉내낸다. 따라서 아도니스Adonis[64]와 그리스도의 유사성은 전혀 우연이 아니다. 이는 위조품과 진품 사이에, 패러디와 원작 사이에, 모조 진주와 진짜 진주 사이에서 발견되는 그런 유사성이다."

그러나 저를 포함해 신화에는 신적인 요소와 악마적인 요소와 인간적인 요소가 함께 들어 있다고 생각하는 그리스도인들은 이렇게 말할 것입니다.

---

63) 북유럽 신화에 등장하는 신으로서 로키Loki의 속임수에 빠져 목숨을 잃는다. 저승에서 살아 나와 아름다운 세상을 만들 거라는 북유럽 사람들의 희망의 상징이기도 하다.
64) 그리스 신화에 나오는 미소년. 아도니스의 죽음과 부활을 기리는 축제가 해마다 열렸었다.

"이것은 우연이 아니다. 날마다 일어나는 밤과 낮의 교체, 해마다 일어나는 작물의 죽음과 재생, 그러한 과정들이 일으킨 신화들, 인간 자신도 참으로 살기 위해서는 모종의 죽음을 거쳐야 한다는(이교의 여러 '비밀 제의Mysteries' 속에 구현되어 있는) 그 명료하지는 않지만 강렬한 느낌, 이런 것들 속에는 이미 하나님이 근원적 진리에 대해 허락하신 유사성이 있는 것이다. 이러한 신화들과 기독교 진리의 유사성은 태양과 연못에 비친 태양의 그림자 사이에, 어떤 역사적인 사실과 항간에 퍼진 조금 왜곡된 이야기 사이에, 현실세계의 나무와 언덕들과 꿈속의 나무와 언덕들 사이에 있는 유사성과 마찬가지로 전혀 우연이 아니다."

이렇게 세 견해들 모두 '이교의 그리스도들'과 참 그리스도 사이에 정말 관련성이 있다고 여기고, 그 유사성을 의미심장하게 받아들입니다. 다시 말해 어떤 말이 그 화자에게는 갖지 못했던 어떤 의미를 후대의 지식의 빛 속에서 갖게 되는 경우들을 자세히 살펴보면, 거기에는 여러 종류가 있다는 사실이 드러납니다. 어떤 종류의 것이든 두 번째 의미를 염두에 두고 읽는 일은 분명 우리에게 유익을 가져다 줍니다. 가령 제가 베르길리우스의 시를 읽으며 그리스도의 탄생을 떠올리거나(사실 저로서는 어쩔 수 없는 일입니다만), 더 나아가 그 시를 매년 성탄절 독서 목록에 넣는다면, 이는 충분히 지각 있는 일이며 신앙적 유익을 주는 일입니다. 그러나 그런 식의 읽기를 가능하게 해 주는 그 유사성은 어쩌면 단순한 우연의 일치에 불과한 것일 수도 있습니다(물론 반드시 그렇다고 확신하는 것은 아니지만). 어쩌면 저는 베르길리우스에게 그의 인격이나 행위나 의도와 전혀 무관한 것을 억지로 뒤집어씌우고 있는 것인지도 모릅니다. 목욕탕 노예의 말이, 이후에 일어난 사건들을 통해 갖게 된 그 음흉한 의미가 노예의 인격이나 의도와는 전혀 무관한 것일 수 있듯이 말입니다. 그러나 제가 의인에 대한 플라톤의 묘사를 읽으며 그리스도의 수난에 대해 묵상하는 경우나, 아도니스나 발데르에 대해 읽으며 그리스도의 부활에 대해 묵상하는 경우는 사정이 다릅니다. 플라톤과 그 신화 시인들의 인격이나 의도는 심층적 차원에서, 제가 진리로 믿고 있는 것과 진정으로 어떤 관련성을 가지고 있습니다. 저는 그 관련성을 알고 있지만 그들은 모릅니다. 어쨌거나 관련성이 있는 것은 사실입니다. 이는 그 고대의 말들에 자의적인 공상을 억지로 쑤셔 넣는 것이 아닙니다.

우리는 플라톤이나 그 신화 시인들이 만약 진리를 알게 된다면 이런 식으로 말했을 것이라고 충분히 상상해 볼 수 있습니다.

"아 그렇군요……. 제가 정말로 생각했던 것이 바로 그것입니다. 물론이지요. 그것이 제 말의 진짜 의미였습니다. 그때는 몰랐지만 말입니다."

목욕탕 노예의 경우는, 만일 그가 결백하다면 자신의 말에 주어진 그 두 번째 의미를 듣고는 틀림없이 이렇게 말했을 것입니다.

"오! 맙소사, 저는 결코 그런 뜻으로 한 말이 아닙니다. 그런 생각은 꿈속에서도 못해 봤습니다. 이게 도대체 웬 말입니까?"

베르길리우스의 경우는, 진리를 알게 된다면 무슨 말을 했을지 저는 잘 모르겠습니다. (아니, 더 너그러운 마음으로 우리는 플라톤이나 베르길리우스나 그 신화 시인들이 '그렇게 말했을 텐데'가 아니라 '이미 그렇게 말했을 것'이라고 생각할 수는 없는 것일까요? 우리는 그들이 이제는 진리를 알고 있고 받아들였기를 선한 희망을 품고 기도할 수 있기 때문입니다. "동서로부터 많은 사람이 이르러 아브라함과 이삭과 야곱과 함께 천국에 앉으려니와."[65])

이렇게 시편이나 성경에 대한 이야기에 들어가기 전부터도, 이미 우리에게는 두 번째 의미라는 것을 무작정 내던져서는 안 될 충분한 이유들이 있습니다. 케블John Keble[66]은 이교 시인들에 대해 이렇게 말했습니다.

"그 시인들에게는 그들의 생각 이상의 생각들이 주어졌다."

이제 성경 자체에 대해 생각해 보도록 하겠습니다.

---

65) 마태복음 8장 11절.
66) 1792-1866. 영국의 시인이자 성직자로서, 1830년대에 뉴먼John Henry Newman, 퓨지E. B. Pusey 등과 함께 교회의 혁신, 성직의 권위, 종교의식의 존엄성을 부르짖었던 '옥스퍼드 운동Oxford Movement'을 일으켰다.

11
성경

이교도들의 말도 우연이 아니라 일종의 정당한 자기 권리로서 두 번째 의미를 가질 수 있다고 한다면, 성경은 더욱더 의미심장하고 빈번하게 두 번째 의미를 가지리라 기대할 수 있습니다. 그리스도인이라면 이런 기대를 할 수 있는 두 가지 근거가 있습니다.

1. 우리에게 성경은 '거룩한' 책, '영감으로 된' 책, 성 바울의 표현에 의하면 '하나님의 말씀the Oracles of God'[67]입니다. 그러나 이 말은 여러 가지 방식으로 이해되고 있어서, 저는 적어도 구약성경에 대해서만이라도 제가 이해하고 있는 대로 설명을 드리려고 합니다. 저는 소위 근본주의자라는 의심을 받기도 했습니다.

---

67) 로마서 3장 2절 참조.

왜냐하면 저는 성경에 기적 이야기가 들어 있다고 해서 무조건 비역사적인 이야기로 여기지 않기 때문입니다. 어떤 이들은 기적 이야기를 너무 믿기 어려워한 나머지, 제가 그런 이야기를 받아들이는 것은 오로지 제가 처음부터 구약성경의 모든 문장을 역사적, 과학적 진리로 전제하고 있기 때문이라고만 생각합니다. 그러나 그것이 제 입장이 아닌 것은, 모세는 창조에 대해 "대중 시인의 방식대로"—즉, 신화적으로—묘사했다고 말한 성 제롬의 입장이나, 욥이야기가 역사적 사실인지 허구인지 모르겠다고 말한 칼뱅의 입장이 그렇지 않았던 것과 같습니다. 제가 성경에 기록된 기적 이야기를 역사적인 이야기로 받아들일 수 있는 유일한 이유는, 기적이 일어나지 않는다는 보편적이고 부정적인 명제에 대한 어떠한 철학적인 근거도 아직 발견하지 못했기 때문입니다.

저는 전혀 다른 근거들에 입각해 이야기의 역사성 여부를 판단합니다. 한 예로 저는 '욥기'를 비역사적인 이야기로 보는데, 왜냐하면 욥기에 기록된 이야기는 역사나 심지어 전설과 조금도 연계되어 있지 않고 족보도 제시되어 있지 않으며, 성경 다른 곳에서는 거의 등장하지 않는 나라에 살고 있는 한 인물에 대한 소개로 시작하고 있기 때문입니다. 또 욥기의 저자도 연대기 기자가 아니라 이야기꾼의 자세로 글을 쓰고 있습니다.

따라서 저는 창세기의 창조 이야기를 이교적이고 신화적이었던 초기 셈족 이야기들에서 유래했다고 말하는 학자들의 견해를 받아들이는 데에 조금도 어려움이 없습니다. 물론 우리는 이 '유래했다'는 말의 의미에 대해 분명히 짚고 넘어가야 합니다. 이야기는 쥐가 새끼를 낳듯 이야기를 낳지 않습니다. 이야기는 사람에 의해 전달됩니다. 이야기를 받아 전하는 사람들은 앞사람에게서 들은 이야기를 그대로 반복하거나 아니면 변화시킵니다. 변화시키는 경우, 자신도 모르게 그렇게 하는 것이거나 의도적으로 그렇게 하는 것이거나 둘 중의 하나입니다. 만일 의도적인 경우라면, 거기에는 전하는 자의 창의력과 구성력과 윤리가 개입되고, 무엇이 적합하고 교훈적이며 흥미로운지에 대한 판단 등도 포함됩니다. 자신도 모르게 하는 경우라면, 전하는 자의 무의식이(망각에 대해 상당 부분 책임이 있는) 작용하고 있는 것입니다. 이렇게 소위 이야기의 '진화'—조금 오도할 수 있는 표현이기는 하지만—에는 그 모든 단계에 어떤 인물이, 그의 전 존재가, 그의 모든 태도가 관계되어 있는 것입니다. 그리고 언제 어디서든 좋은 작품은 빛들의 아버지 되신 분의 원조 없이는 만들어질 수 없는 법입니다. 따라서 처음에는 종교적·형이상학적 의미가 거의 없던 창조 이야기를 일련의 이야기 전달자들이 참된 창조와 초월적 창조자를 깨닫게 해 주는 이야기로 바꾸어 놓았다면(창세기가 그러하듯), 그 이야기 전달자(들)에게 하나님의 인도하심이 있었다고 제가 믿지 않을 이유는 조금도 없습니다.

이렇게 본래는 자연적인 것에 불과했던 무언가—대부분의 나라들에서 발견되는 그런 종류의 신화—를 하나님이 그 이상의 것으로 들어 올리셔서, 본래는 감당할 수 없었던 목적들을 감당하게끔 자격을 주어 명령하신 것입니다. 즉, 모든 구약성경은 다른 문학들과 똑같은 재료들—연대기(일부는 매우 정확한 기록들일 것입니다), 시, 도덕적·정치적 고발문, 로맨스 등등—로 이루어졌지만, 하나님의 말씀으로 쓰임 받게끔 하나님에 의해 들어 올려진 것입니다. 방식은 여러 가지였을 것입니다. 하나님의 강권을 가장 확실하게 느끼며 글을 썼던 예언자들이 있는가 하면, 단순히 역사를 기록하는 것이 목적이었던 연대기 기자들도 있습니다. 아가서의 작가처럼 그저 세속적이고 자연적인 목적으로 시를 쓴 시인들도 있습니다. 성경을 기록하는 일 못지않게 중요한 일로서, 이러한 책들을 모아 보존하고 정경화한 유대교와 (이후의) 기독교의 작업이 있었습니다. 또 그 책들을 교정하고 편집했던 사람들의 작업도 있습니다. 저는 이들 모두에게 어떤 신적인 압박이 있었을 것이라고 생각합니다. 물론 그들 모두가 신의 개입을 의식했던 것은 아니겠지만 말입니다.

성경을 구성하는 원재료들에서는 인간적인 특성이 두루두루 발견됩니다. 순진한 무지naivety, 오류, 모순, 심지어 (저주 시편들에서처럼) 악독함도 제거되어 있지 않습니다. 그것들의 최종 결과물이 성경입니다. 그러므로 모든 성경 구절 자체가 오류 없는 과학이나 역사를 말해 준다는 의미에서 '하나님의 말씀'은 아닙니다. 성경은 하나님의 말씀을 실어 나릅니다. 우리는 그 성경을 백과사전이나 교황의 회칙 같은 것으로 사용함으로써 하나님의 말씀을 받는 것이 아닙니다. 우리 자신을 성경의 논조나 기풍 속에 흠뻑 적시고 그것이 전해 주는 종합적인 메시지를 듣고 배움으로써(은혜 아래서 전통과 우리보다 더 지혜로운 주석가들의 말에 귀 기울이며, 나름의 지성과 학식도 활용해 가며) 하나님의 말씀을 받게 됩니다.

지성적인 인간에게는 인간적 재료들에 대한 이런 식의 (어떤 의미에서는 불완전한) 취합과 승화가 분명 말끔하지 못하고 허점이 많아 보일 것입니다. 우리는 조직적인 형태로 궁극적인 진리를 제시해 주는 굴절되지 않은 빛—구구단 표처럼 우리가 일람표를 만들어 암기하고 의지할 수 있는 무언가—을 기대했을 수 있고, 그것이 더 좋았을 것이라고 생각할 수 있습니다. 우리는 근본주의자들의 성경관이나 로마 가톨릭 교회의 교회관을 존중할 수 있으며, 때로는 부러워할 수도 있습니다.

그러나 그런 입장들을 주장할 때 우리가 조심해야 하는 한 가지 논증이 있습니다. 바로 "하나님은 분명 최선의 방법을 사용하셨을 것이다, 이것이 최선의 방법이다, 따라서 하나님은 이렇게 하셨다"라는 식의 주장입니다. 왜냐하면 우리는 인간에 불과하며, 우리에게 무엇이 최선인지를 스스로 알지 못하는 존재들이기 때문입니다. '하나님은 분명 이렇게 하셨다'라고 규정짓는 것은 위험한 일입니다. 특히 그분의 최종적인 일을 우리의 생애 동안 확인할 수 없는 상황에서는 더욱 그렇습니다.

어떠한 불완전도 없는 우리 주님의 가르침도, 우리가 기대했을 법한 논리정연하고 똑떨어지고 체계적인 형태로 우리에게 주어지지 않았다는 사실을 주목할 필요가 있습니다. 그분은 책을 쓰시지 않았습니다. 우리는 다만 전해 온 말씀들만 가지고 있을 뿐이며, 대부분의 그 말씀들도 어떤 질문에 대한 답으로 주어진 것들로서 어느 정도 정황에 의해 결정된 것입니다. 그리고 우리는 그 말씀들을 모아 하나의 체계 속으로 정리해 넣을 수 없습니다. 그분은 설교를 하시지 강의를 하시지 않습니다. 그분은 역설과 격언과 과장과 비유와 아이러니와 심지어 '재치 있는 표현'(불경한 말로 보지 마시기를)도 사용하십니다. 그분은 대중적인 격언들처럼 엄밀히 따지면 서로 모순되어 보일 수도 있는 금언들도 사용하십니다.

이렇듯 그분의 가르침은 우리의 지성만으로 파악할 수 있거나 '학파'처럼 '정통할' 수 있는 것이 아닙니다. 그런 시도를 하는 사람에게는 하나님은 누구보다도 알쏭달쏭한 분일 것입니다. 그분은 단도직입적인 질문에 단도직입적으로 대답하신 경우가 거의 없습니다. 그분은 우리가 원하는 방식대로 '규정되지' 않는 분이십니다. 그런 시도는 (이번에도 불경하게 보지 마시기를) 마치 햇살을 병 속에 담으려는 것과 같습니다.

조금 수준을 낮추어 성 바울에 대해 생각해 보아도 역시 유사한 어려움을 느낍니다. 다른 은사들은 그토록 많이 허락하신 하나님 께서 '왜 바울에게 명료하게 말하고 조리 있게 설명하는 은사는 주시지 않았을까' 하고 의아해하는 독자는 저뿐이 아닐 것입니다. 최초의 기독교 신학자에게 너무도 필요했을 것 같은 은사인데 말 입니다.

이렇게 앞서 말한 세 가지 모두─말씀 자체이신 주님, 이방인의 사도인 바울, 성경 전체─는, 정도의 차이는 있지만 우리가 생각하 는 최선의 것과는 다릅니다. 이 세 가지는 하나님이 하신 일이어 서, 우리는 이것을 우리에게 최선의 것이라고 결론지어야 합니다. 우리가 생각하는 최선은 어쩌면 우리에게 치명적인 것일지도 모 릅니다.

주님의 가르침이 (체계화하는 우리의 지성에) 그렇게 알쏭달쏭한 것은 어쩌면 필요불가결한 일이었는지도 모릅니다. 우리가 전인 적인 응답을 하게 만들고, 지금 우리는 어떤 학과를 공부하는 것이 아니요 어떤 인격 속에 자신을 푹 담금으로써 새로운 시야와 기풍 을 얻고, 새로운 공기를 호흡하며, 그분의 방법대로 우리 안에 허 물어진 그분의 형상을 다시 세우시도록 자신을 그분께 맡겨야 한 다는 점을 분명히 하기 위해서는 말입니다. 성 바울의 경우도 그렇 습니다. 제가 바울에게 이런 글을 써 주었으면 하고 부탁하고 싶은 글을 그가 썼다면 그 글은 아마도 무가치했을 것입니다. 바울의 글 은 난삽하며 궤변으로 들릴 정도로 비논리적이라고 할 수 있습니다. 시시콜콜한 이야기, 개인적 불평, 실제적 충고, 서정적 황홀경 등이 격하게 뒤섞여 있습니다. 그런데 결국은 그의 글들을 통해 사상보다 훨씬 중요한 무언가—살아 움직이는 그리스도인의 삶 전체, 더 나아가 사람의 삶 속에서 움직이시는 예수 그리스도 그분—가 표출되어 나오고 있습니다.

구약성경의 경우도 마찬가지입니다. 구약성경의 가치는 불완전하게 보이는 데 있는 것 같습니다. 구약성경은 반복적으로 느긋하게 읽지 않으면, 또한 양심과 비판적 지성을 통한 판단력을 갖고 읽지 않으면 하나님의 말씀을 발견할 수 없게끔 만듭니다. 하나님의 점진적 자기 계시에 대한 유대인의 체험을 처음부터 따라 체험하고, 하나님의 말씀과 그 인간적 재료들의 삐걱거리는 마찰을 몸소 피부로 느끼며 읽지 않을 수 없게끔 만듭니다. 왜냐하면 여기서도 이끌고 나와야 하는 것은 우리의 전인적인 응답이기 때문입니다.

저는 저주 시편들에서 정말로 하나님의 음성에 도달하기 위해 그 인간적인 매개물의 모든 끔찍한 왜곡들을 가려내야 했습니다. 그리고 그 경험을 통해 오히려 흠 없는 윤리 강설講說에서는 얻지 못했을 무언가를 얻을 수 있었다고 확신합니다. 빛보다 그림자들이 (적어도 제 마음에는) 더 큰 교훈을 주었던 것입니다. 전도서의 허무주의같이 그 자체만으로는 반反종교적인 것도 (이제는) 제 성경에서 빼고 싶지 않습니다. 전도서에서는 하나님 없는 인생에 대한 선명하고도 냉정한 묘사를 발견할 수 있습니다. 그러한 진술 역시 그 자체로서 하나님 말씀의 일부이며 우리가 들을 필요가 있는 말씀입니다. 사실 성경에서 전도서 하나만이라도 제대로 체득했다면 우리는 누구 못지않게 진리를 향해 가까이 다가갔을 것입니다.

물론 하나님이 하시는 일의 이유를 추측하는 것은, 제가 의자에 앉아 책을 읽는 이유에 대해 우리집 강아지가 하고 있을지 모를 추측만큼이나 부질없는 일일지도 모릅니다. 비록 우리는 그 이유에 대해 추측만 할 수 있을 뿐이지만, 그래도 하나님이 일하시는 방식의 일관성만큼은 관찰할 수 있습니다. 창세기는 우리에게 하나님이 흙으로 사람을 지으시고, 그 속에 생명을 불어 넣으셨다고 말하고 있습니다(2:7). 그 최초 저자의 생각이 무엇이었든, 그 구절은 참된 창조에 대해 아직 제대로 인식하지 못하는 이교적인 무지일 수도, 하나님을 토기장이나 목수처럼 '무언가로부터' 무언가를 만드시는 모습을 상상하는 미개한 사고방식의 한 잔존물일 수도 있습니다. 그럼에도 불구하고 행운 때문인지, 아니면 (제가 생각하듯이) 하나님의 인도하심 때문인지 그 구절은 심오한 원리를 하나 구현해 주고 있습니다. 어쨌든 분명한 것은 인간은 어떤 의미에서 '무언가로부터' 만들어진 존재라는 사실입니다.

인간은 하나의 동물입니다. 그러나 동물 이상의 존재가 되도록 부름받고, 들어올려지고, (혹자의 생각에 따르면) 비운悲運을 선고받은 동물입니다. 일반적인 생물학적 관점에 따르면(진화론의 문제

가 무엇이든 제게는 그것이 종교적인 문제는 아닙니다), 영장류 중의
한 동물이 변해 인간이 되었습니다. 그러나 인간으로 변해도 인간
은 여전히 하나의 영장류이며 동물입니다. 인간은 옛 생명을 그대
로 가진 채 어떤 새로운 생명 속으로 들려올라간 것입니다. 마찬가
지로 모든 유기체적 생명은 단순한 화학적 과정을 들어올림으로
써 사용하고 있습니다. 이러한 원리는 인간 이상의 차원에서도 찾
아볼 수 있습니다. 왜냐하면 우리는 성육신 자체도 '신성이 육신
으로 전환됨으로써 일어난 것이 아니라 (그) 인성을 하나님 속으로
들어올림으로써'[68] 일어난 것이라고 배웠기 때문입니다. 그 안에
서 인간의 생명이 하나님의 생명을 담는 그릇이 됩니다. 따라서
하나님의 말씀이 어떤 문학으로 전환됨으로써 성경이 이루어진
것이 아니라 어떤 문학을 하나님의 말씀을 담는 그릇이 되도록 들
어올림으로써 이루어진 것이라면, 이 역시 변칙이 아닙니다.

　물론 이러한 방식은 거의 모든 수준에서 위험하고 허점이 많아
보입니다. 이러한 상승은 우리가 바라는 것처럼 자명하지 않습니
다. 어떤 하급 본질이 위로 들어올려져 새로운 임무와 특권을 부여
받더라도 본질은 여전히 사라지지 않고 그대로 남아 있어서, 우리
는 얼마든지 그 상승은 무시하고 하급 본질만 보게 될 수 있습니
다. 이렇게 사람들은 우리 주님의 삶을 그저 한 인간의 삶 정도로

---

68) 아타나시우스 신경Athanisian Creed.

(실제 한 인간의 삶이어서) 이해할 수 있습니다. 아마도 대다수의 현대 철학자들은 인간의 생명을 그저 별나게 복잡한 동물의 생명 정도로 이해할 것입니다. 데카르트를 따르는 철학자들은 동물의 생명을 기계작용mechanism 정도로 이해합니다.

바로 이런 식으로 성경도 인간의 문학 정도로 이해될 수 있습니다. 그 어떠한 새로운 발견도, 그 어떠한 새로운 방법도 두 해석 중 어느 쪽이 옳은지 최종적으로 증명해 줄 수 없습니다. 왜냐하면 여기서 필요한 것은, 모든 수준에서, 단순히 지식이 아니라 통찰이기 때문입니다. 제대로 초점을 맞춘 시각 말입니다. 하급 차원만 볼 수 있는 사람의 주장은 언제나 일리 있게 들릴 것입니다. 글을 읽지 못하는 문맹자는 "그 시는 백지 위의 검은 부호들에 불과하다"라고 주장하는 사람의 말을 도저히 반박할 수 없습니다. 문맹자는 현미경으로 글자를 들여다보고, 잉크와 종이를 분석해 봅니다. 그러나 (그런 식으로) 아무리 연구해 본들 분석해 낸 모든 결과들을 뒤집어 주는, 곧 "이것은 시다"라고 말할 수 있게 해 주는 그 어떤 것도 발견해 낼 수 없습니다. 그러나 글을 읽을 줄 아는 사람들은 계속해서 그 시가 존재한다고 주장할 것입니다.

이렇게 구약성경이 인간적 차원 이상의 것을 전해 주는 매개물이 되도록 '들어올려진' 문학이라면, 그 위에 올려질 수 있는 의미들의 무게나 다양성에 한계가 있을 수 없음은 물론입니다. 어떤 작가가 자신이 아는 것 이상을 말할 수 있고, 자신이 말한 의미 이상을 드러내는 것이 가능하다면, 성경 저자들의 경우는 더욱더 그러할 것입니다. 이는 결코 우연에 의해서가 아닐 것입니다.

2. 구약성경을 이런 식으로 해석해야 하는 두 번째 이유는 조금 더 간단하며 훨씬 강력한 것입니다. 다름 아니라 우리 주님께서 그런 원칙을 주셨습니다. '엠마오로 가는 두 제자'에 관한 유명한 이야기에서 주님은 제자들에게 왜 선지자들의 말을 믿지 않느냐고 나무라셨습니다. 그들은 마땅히 성경에서 기름부음 받은 자, 곧 메시아는 고난을 통해 자신의 영광에 들어갈 것이라는 사실을 읽고 알고 있었어야 했습니다. 주님은 그들에게 '모세'(즉, 모세오경)로부터 시작해서 구약성경에 나오는 '자신에 관한 모든 기록들'을 설명해 주셨습니다(눅 24:25-27). 이렇게 그분은 성경에 자주 언급되고 있는 한 인물과 자신을 분명하게 동일시하셨고, 현대 학자들이라면 적용하지 않을 많은 구절들을 자신과 관련 있는 것으로 여기셨습니다. 자신이 고난받을 것을 제자들에게 알리셨던 예언의 말씀에서도 마찬가지였습니다. 그분은 성경에는 두 번째 의미가 있음을 받아들이셨습니다. 아니, 자신이 바로 두 번째 의미 자체라고 주장하셨습니다.

그 구절들이 전부 어떤 것들이었는지 우리는—혹은 저는—알고 있지 못합니다. 그러나 매우 확신할 수 있는 한 구절이 있습니다. 빌립을 만났던 에디오피아 내관內官은 이사야 53장을 읽고 있었습니다(행 8:27-38). 그는 이사야서에 기록된 말씀이 예언자에 대한 것인지, 누군가 다른 사람에 대한 것인지 궁금해하고 있었습니다. 빌립은 에디오피아 내관의 질문에 답하며 그에게 '예수를 가르쳐' 주었습니다. 즉, "지금 이사야는 예수님에 대해 말하고 있는 것입니다"라고 대답했던 것입니다. 빌립의 이런 식의 해석 뒤에는 분명 주님의 가르침이 있었던 것으로 보입니다. (우리 선조들은 듄J. W. Dunne[69]의 책에 나오는 사람들이 꿈속에서 미래를 보듯, 이사야가 의식적으로 그리스도의 고난을 미리 보았던 것으로 생각했던 것 같습니다. 그러나 현대 학자들은, 의식적 수준에서는 이사야는 인격화된 나라로서 이스라엘을 지칭했던 것이라고 설명하고 있습니다. 저는 어느 견해가 옳든 문제가 되지 않는다고 생각합니다.)

또 우리는 주님이 십자가에서 하신 말씀들(막 15:34)을 근거로, 자신을 시편 22편의 고난당하는 자와 동일시하셨다는 사실[70]을 상당한 확신을 가지고 말할 수 있습니다. 어떻게 그리스도가 다윗의 자손이면서 동시에 다윗의 주님일 수 있느냐고 물으셨을 때에도 (막 12:35-36) 그분은 분명 그리스도, 즉 자신을 시편 110편의 "내 주"와 동일시하신 것이며, 사실상 성육신의 신비를—오로지 성육신만이 풀어 줄 수 있는 난제를 지적함으로써—암시하고 계셨던 것입니다. 마태복음 4장 6절에서는 "그가 너를 위하여 그의 천사들

---

69) 1866-1949. 《시간에 대한 한 실험An Experiment with Time》의 저자.
70) 시편 22편 1절 참조. "내 하나님이여 내 하나님이여 어찌 나를 버리셨나이까."

을 명령하사…… 그들이 그들의 손으로 너를 붙들어 발이 돌에 부딪히지 아니하게 하리로다"라는 시편 91편 11-12절 말씀이 주님에 대한 말씀으로 해석되고 있는데, 그 유혹 이야기의 출처는 주님 자신일 수밖에 없으므로 우리는 그러한 해석이 그분 자신의 것이었다고 확신해도 좋을 것입니다. 마가복음 12장 10절에서도 주님은 시편 118편 22절 말씀을 간접적으로 자신에게 적용하고 계십니다. "주께서 내 영혼을 스올에 버리지 아니하시며 주의 거룩한 자를 멸망시키지 않으실 것임이니이다"라는 시편 16편 10절 말씀은 사도행전 2장 27절에서 주님의 부활에 대한 예언의 말씀으로 다루어지고 있는데, 주님 자신도 그렇게 받아들이신 것이 분명해 보입니다. 왜냐하면 가장 초기의 기독교 전통에서—즉, 어떠한 학문을 통해서도 현대인이 가까이 갈 수 없을 만큼('거룩함'이 아니라) 주님 말씀의 그 영spirit과 문자letter[71]에 가까이 있었던 사람들에 의해—그것이 그렇게 받아들여지고 있기 때문입니다.

그러나 주님의 말씀에 대해 '영과 문자'를 이야기하는 것은 어쩌면 한담에 불과할지 모릅니다. 예수님의 말씀에는 거의 '문자'가 전혀 없습니다. 문자에 얽매이는 사람들literalist의 눈에는, 그분은 늘 알쏭달쏭하기만 한 교사일 것입니다. 체계systems는 섬

---

71) 고린도후서 3장 6절 참조. "문자letter는 사람을 죽이고 영spirit은 사람을 살립니다"(표준새번역개정판).

광처럼 지나가는 그 빛을 따라잡을 수 없습니다. 우리의 온 마음보다 넓지 못한 그물로는, 사랑보다 정교하지 못한 그물로는 결코 그 신성한 물고기[72]를 잡을 수 없습니다.

---

72) 그리스도를 나타내는 상징물.

12
시편에서 두 번째 의미들

어느 면에서 예수님의 시편 해석은 그분과 그분의 적대자들이 공유했던 공통 기반이었습니다. 바로 앞에서 언급했던, 어떻게 다윗이 그리스도를 "내 주"(막 12:35-37)라고 부를 수 있었는가 하는 물음은, 시편 110편의 그 "내 주"를 당연히 메시아—온 세상을 이스라엘에게 복종시킬, 기름부음 받은 왕 같은 구원자—로 생각하는 사람들을 향한 것이 아니었다면 무의미한 질문이었을 것입니다. 그런 해석 방법은 당시 누구에게나 받아들여졌습니다. '성경'의 모든 구절에는 '영적인' 의미, 곧 두 번째 의미가 있다고 여겼습니다. 에디오피아 내관처럼(행 8:27-38) 이방인으로서 '하나님을 경외하는 이들'[73]도, 이스라엘의 신성한 책들은 그 숨은 의미들을 열어 줄 수 있는 유대 전통에 능통한 안내자의 도움 없이는 이해할 수 없다고 알고 있었습니다. 아마도 1세기경에 교육받은 유대인들이라면 누구나 우리 주님이 메시아에 대한 언급으로 보신 구절들 대부분을 그렇게 해석했을 것입니다. 논쟁이 되었던 것은, 그분은 그 메시아적인 왕을 구약성경에 등장하는 또 다른 인물과 동일시하셨고 그 둘 모두를 자신과 동일시하셨다는 점에 있습니다.

우리는 시편에서 두 인물을 만납니다. 하나는 고난을 당하는 인물이고, 다른 하나는 정복하고 해방시켜 주는 왕입니다. 13편, 28편, 55편, 102편은 고난을 당하는 인물에 대해 말하고 있으며 2편, 72편은 왕에 대해 말하고 있습니다. 고난을 당하는 이는 당시 일반적으로 이스라엘이라는 나라—'그'로서 인격화된—와 동일시되었던 것 같습니다(아마 본래 그런 뜻이었을 것입니다). 반면에 왕은 다윗의 계승자로서 장차 오실 메시아였습니다. 주님은 이 둘 모두를 자기와 동일시하셨습니다.

이렇듯 원칙적으로 시편에 대한 알레고리적 해석은 우리가 생각할 수 있는 최고의 권위를 주장할 수 있습니다. 그렇다고 해서 그 무수한 알레고리적인 해석들이 모두 유익하고 적법하며 이치에 맞는다는 말은 아닙니다. 우리는 성경을 깊이 들여다보고 있다

---

73) '하나님을 경외하는 이들god-fearers'이란, 할례나 기타 율법의 의식儀式들에는 얽매이지 않았지만 야훼 하나님을 예배했던 이방인들로서 뚜렷한 부류로 인식될 수 있는 사람들이었습니다. 시편 118편(2절은 유대 평신도들, 3절은 유대 제사장들, 4절은 하나님을 경외하는 이방인들을 가리키고 있습니다)과 사도행전 10장 2절을 참고하십시오.─지은이

고 생각하지만, 사실은 바보 같은 우리 자신의 얼굴 그림자를 보고
있는 것일 수도 있습니다. 한때 유행했지만 지금 제게, 그리고 아
마 대부분의 현대인들에게 억지스럽고 자의적이며 우스꽝스럽게
보이는 많은 알레고리적인 해석들이 있습니다. 그 중 일부는 실제
로 그런 해석들이라는 점에는 우리가 확신을 가져도 좋다고 생각
합니다. 그러나 구체적으로 어떤 것들이 그런 해석들인지를 가려
내는 일에는 더욱 신중해야 한다고 생각합니다. 어느 시대에는 억
지스럽게만—그저 기발하게만—보이는 것이 다른 시대에는 너무
도 명명백백한 것이어서, 우리는 선조들에 대해 어떻게 그렇게 기
발한 생각을 했는지 신기해하고 선조들은 우리에 대해 어떻게 이
렇게 명백한 것을 놓칠 수 있는지 신기해할 수 있습니다. 지상에는
서로 다른 시대들 사이를 공정하게 판단해 줄 심판관이 있을 수
없습니다. 왜냐하면 누구도 역사의 진행 바깥에 서 있을 수 없기
때문입니다. 자신의 시대를 단순히 하나의 시대로서가 아니라 다
른 모든 시대들을 객관적으로 조망할 수 있는 최종적인 불변의 기
준으로 여기는 사람이 있다면, 그 사람이야말로 자기 시대에 가장
철저하게 예속된 사람일 것입니다.

　신약성경에 이미 확립되어 있는 해석들은 당연히 우리의 특별
한 관심을 받을 만합니다. 우리의 기도서는 시편 110편을 성탄절
에 읽을 본문들 가운데 하나로 지정해 놓고 있습니다. 처음에는 이
를 의아하게 여길 수 있습니다. 왜냐하면 110편은 전혀 평화나 선

의에 대한 시가 아니며, 희미하게나마 베들레헴 마구간을 암시해 주는 말들도 전혀 들어 있지 않기 때문입니다. 그것은 본래 새로운 왕의 대관식 때 정복과 제국의 확장을 기원하며 불렀던 송시訟詩였거나, 전쟁을 앞둔 왕에게 승리를 기원하며 바쳤던 시로 보입니다. 오히려 시편 110편은 위협의 말들로 가득합니다. 그 왕의 권능의 "규圭"(지팡이)가 예루살렘에서 뻗어 나갈 것이며, 뭇 나라 왕들을 모조리 때려눕힐 것이며, 전쟁터를 온통 시체들과 깨진 두개골들로 뒤덮을 것이라고 말합니다. 이 시의 어조는 "평화를 빕니다"가 아니라 "조심하라. 그가 나가신다"는 투입니다.

우리의 기도서의 권위를 훨씬 능가하는 것으로서 이 시를 그리스도와 연결지어 주는 두 가지 사실이 있습니다. 첫째는 물론 (이미 언급한 바 있듯이) 우리 주님이 친히 그렇게 하셨다는 사실입니다. 그분이 바로 '다윗'이 "내 주"라고 부르는 그 "주"이십니다. 두 번째는 멜기세덱에 대한 언급입니다(4절). 히브리서 7장에는 멜기세덱이라는 대단히 신비로운 인물을 그리스도에 대한 상징 혹은 예언으로 보는 해석이 나와 있습니다. 창세기 14장에 대한 이 히브리서의 주석은 형식부터 많이 낯섭니다. 그러나 그 본질적 요소들은 지금 우리 시대의 표현법에도 모두 담길 수 있다고 생각합니다. 물론 창세기에서 멜기세덱의 족보나 부모를 밝히고 있지 않다는 점을 들어 그를 시작도 없고 끝도 없는 존재로 주장할 수는 없습니다(그런 식이라면, 욥도 족보가 없습니다). 그러나 돌연하고 예사롭지 않은 그의 등장과 더불어 그에게는 앞뒤 이야기들과 구별되는 무언가 기묘한 분위기가 주어져 있다는 점을 또렷이 인식할 수 있어야 합니다. 멜기세덱은 불쑥 나타나서 "천지의 주재이시요 지극히 높으신 하나님"의 이름으로 축복의 말을 하고는 완전히 사라져 버립니다. 이것은 우리에게 멜기세덱은 '내세'까지는 아니더라도, 어쨌든 '다른'—일반적인 아브라함 이야기들과 사뭇 다른—세상에 속해 있다는 생각을 갖게 해 줍니다. 히브리서 기자도 알았듯이, 멜기세덱은 자신이 아브라함보다 우월한 존재임을 당연시하고 있으며 아브라함도 그를 그렇게 받아들입니다. 그는 한마디로 존엄한 존재, 일종의 '누멘적인numinous'[74] 인물입니다.

왜, 그리고 어디서 이런 에피소드를 들여왔느냐는 물음에 창세기의 화자 혹은 창세기의 마지막 전달자가 어떻게 대답할지 저는 모르겠습니다. 앞에서 말씀드린 대로 이런 이야기들이 전해지는 과정에 하나님으로부터 압박이 있었다고 생각합니다. 멜기세덱 에피소드가 주는 분명한 효과 한 가지는 바로 이것입니다. 이 이야기는 '특별한 제사장직'에 대한 생각을 우리의 뇌리 속에 깊이 각인해 줍니다. 유일신 하나님을 섬기되 아론으로부터 시작되는 유대 제사장직보다 훨씬 이른 시기부터 있었으며, 아브라함이 받은

---

74) '두렵고 신비한'이라는 뜻으로, 독일어로는 누미노제Numinose이다. 독일의 신학자이자 종교사가인 루돌프 오토Rudolf Otto가 '신, 영혼, 신성'을 뜻하는 라틴어의 '누멘numen'을 차용하여 만든 용어다.

소명으로부터 독립된, 그보다 더 우월한 위치에 있는 제사장직 말입니다. 유대교보다 더 오래된 이 제사장직은 왕권과도 결합되어 있었습니다. 멜기세덱은 제사장이면서 동시에 왕이었습니다. 제사장과 왕을 겸하는 나라들도 있었지만, 이스라엘은 그렇지 않았습니다. 이렇듯 멜기세덱은 분명 그리스도를 닮았습니다(사실 그는 이런 독특한 면에서 구약성경에서 주님을 닮은 유일한 인물입니다). 왜냐하면 주님도 멜기세덱처럼 제사장 가문에 속하지는 않았지만 제사장인 동시에 왕이시기 때문입니다. 멜기세덱은 참으로 주님을 가리킵니다. 왕이면서 동시에 일종의 제사장인, 시편 110편의 영웅도 그렇습니다.

유대교에서 기독교로 개종한 사람에게 이 사실은 대단히 중요했으며, 난제를 해결해 주는 것이었습니다. 개종자는 그리스도가 다윗의 계승자라는 사실은 받아들일 수 있었을 것입니다. 그러나 아무리 납득하려 해도 그리스도를 아론의 계승자로 생각할 수는 없었습니다. 따라서 그분을 제사장으로 생각할 수 있으려면, 아론의 제사장직으로부터 독립되어 있는, 그보다 우월한 특별한 제사장직이 있어야 했습니다. 멜기세덱 이야기는 바로 그러한 제사장직에 대해서 말하는 성경 이야기였습니다.

우리 이방 그리스도인들의 경우는 사정이 반대입니다. 우리는 그리스도의 제사장적·희생제사적·중보자적 성격을 먼저 받아들이고, 왕과 정복자로서의 성격은 덜 중요시하는 경향이 있습니다. 시편 110편은 다른 세 개의 성탄절 시편들과 더불어 이 점을 교정해 주는 역할을 합니다. 45편에도 가히 위협적인 어조의 말들이 나옵니다.

"용사여 칼을 허리에 차고…… 왕의 오른손이 왕에게 놀라운 일을 가르치리이다 왕의 화살은 날카로워……"(3-5절).

89편에는 다윗에게 주어진 약속들이 나옵니다('야곱'이 그의 모든 후손을 의미하듯, 여기서도 '다윗'은 분명 다윗의 자손들 모두 혹은 그 중 어떤 이를 가리키는 말일 것입니다). 다윗은 적들을 모조리 박멸할 것입니다(23절). '다윗'은 하나님을 '아버지'라 부르게 될 것이며, 하나님은 "그를 장자로 삼을" 것입니다(26-27절). 즉, 하나님은 그를 자신의 상속자로 삼을 것이며, 온 세상을 그에게 줄 것입니다. 132편에도 '다윗'이 나옵니다.

"내가 그의 원수에게는 수치를 옷 입히고 그에게는 왕관이 빛나게 하리라"(18절).

이런 말씀들은 모두 후대의 성탄절 정서(그 자체로는 대단히 훌륭한 것이지만)가 제대로 담아내고 있지 못한, 성탄의 한 측면을 강조해 줍니다. 처음 이러한 시편을 그리스도의 탄생에 대한 시로 이해했던 이들에게는 주님 탄생의 주된 의미가 대단히 전투적인 것이었습니다. 죽음과 지옥과 마귀들을 싸워 물리쳐 줄 영웅, '심판자', 투사, 거인 잡는 용사가 마침내 도착한 것이었습니다. 그리고 여러 증거들은 우리 주님도 자신을 이런 측면에서 생각하셨다는 사실을 보여 줍니다. (밀턴Milton의 시 〈성탄Nativity〉은 성탄절의 이런 전투적인 측면을 되찾아 주고 있습니다.)

시편 68편이 성령강림주일Whitsunday에 읽히는 이유는, 이 본문을 처음 대하는 사람의 눈에도 분명해 보입니다. 8절의 "땅이 진동하며 하늘이 하나님 앞에서 떨어지며 저 시내 산도 하나님 곧 이스라엘의 하나님 앞에서 진동하였나이다"에서 원작자는 분명 출애굽기의 기적들을 가리켰겠지만, 지금 우리에게는 불의 혀들이 동반된, 하나님의 또 다른 강림 사건을 예시해 주는 말이 됩니다. 11절은 성경의 옛 본문들이 어떻게 훗날 필연적으로 새로운 의미를 부여받게 되는지를 보여 주는 아름다운 예입니다. 우리의 기도서는 이 구절을 "주께서 말씀을 주시니, 이를 공포公布하는 이들이 큰 무리였다"라고 번역하고 있습니다. 여기서 '말씀'은 전투 명령을, '공포하는 이들'은 (다소 냉혹한 의미로서) 승승장구하는 유대 전사들을 뜻할 것입니다. 그러나 우리 기도서의 번역은 아마도 오역으로 보입니다. 그 절의 본래 의미는 승리의 '말씀'(즉, 소식)을 전하는 사람들이 많았다는 것이며, 이는 오순절의 의미와 대단히 잘 어울립니다.

그러나 이 시가 성령강림주일의 지정 본문이 된 신약성경적 실제 근거는 18절에 나타난다고 생각합니다(우리 기도서는 "주께서 높은 곳으로 오르시며 사로잡은 자들을 취하시고 사람들을 선물을 위해 받으셨도다"라고 번역합니다). 학자들에 따르면, 이 구절의 히브리 본문은 하나님께서 자신의 대행자인 이스라엘 군대를 통해 무수한 포로들을 붙잡으시고 '사람들에게서' '선물'(전리품이나 조공)을 받으셨다는 의미라고 합니다. 그러나 성 바울은 에베소서 4장 8절에서 이 구절에 대한 다른 독법讀法을 인용하고 있습니다.

"그가 위로 올라가실 때에 사로잡혔던 자들을 사로잡으시고 그 '사람들에게' 선물을 **주셨다**."

이것이 처음 이 시를 성령강림과 관련지은 구절임이 분명한 것은, 지금 바울은 성령의 선물(은사)들에 대해 말하는 중이며(4-7절), 그런 선물들이 주님의 승천 이후에 왔다는 사실을 강조하고 있기 때문입니다. 승천 후, 승천의 한 결과로서 그리스도는 사람들에게 선물을 주시는 분, 즉 (우리 기도서의 번역이 잘 표현해 주듯) '사람들을 위해' 성부께로부터 그 선물을 받아, 사람들에게 전달해 주는 분이 되셨다는 것입니다. 그리고 승천과 성령강림 사이의 이러한 관계는 "내가 떠나가는 것이 너희에게 유익이라 내가 떠나가지 아니하면 보혜사가 너희에게로 오시지 아니할 것이요"(요 16:7)라는 우리 주님의 말씀과도 완전히 일치합니다. 마치 승천 없이는 성령강림이 불가능하다는 듯이, 우리가 감각할 수 있는 현재의 시공간으로부터 성육신하신 하나님이 떠나시는 것이 또 다른 형태에서 하나님의 현존을 위한 필수적인 조건이라는 듯이 말입니다. 여기에는 제가 감히 측량할 엄두조차 못 내는 어떤 신비가 있습니다.

앞의 시편은 이해하기가 조금 어렵지만, 그리스도가 수난자로 나오는 시편들의 경우는 훨씬 이해하기 쉽습니다. 그리고 두 번째 의미가 가장 필연적인 곳도 바로 여기입니다. 만일 그리스도께서 "모든 사람을 위해 죽음을 맛보신"[75] 분이라면, 그래서 수난자의 원형이 되신 분이라면, 이 세상에서 고난을 겪은 모든 이들의 표현은 너무도 당연히 그분의 표현과 관련되어 있을 것입니다. 여기서는 (지극히 인간적으로 말한다면) 두 번째 의미를 발견하는 데 하나님의 인도하심이 전혀 필요치 않아 보입니다. 오히려 특별한 기적이 있어야만 그런 의미를 배제할 수 있을 것 같은 느낌이 듭니다. 시편 22편, 곧 그리스도께서 자신의 최후 고통 속에서 인용하셨던 그 무시무시한 시에서 정말로 가장 중요한 것은 "악한 무리가 나를 둘러 내 수족을 찔렀나이다"(16절)라는 구절이 아닙니다. 물론 이는 대단히 인상적인 예기입니다. 그러나 여기에서 가장 중요한 것은 그 전적인 박탈과 전적인 고수固守의 결합입니다. 아무 응답도 없으시는 하나님이지만, 하나님을 하나님으로 믿는 신앙을 끝까지 지키는 태도 말입니다.

"주는 [지금도 여전히] 거룩하시나이다"(3절).

모든 의인들의 고통이 여기에 표현되어 있습니다. 그러나 40편 12절에는 모든 죄인들이 겪는 고통도 표현되어 있습니다.

---

75) 히브리서 2장 9절 참조.

"나의 죄악이 나를 덮치므로 우러러볼 수도 없으며."

이 또한 우리에게는 그리스도의 음성입니다. 왜냐하면 우리가 배운 것처럼 그분은 죄 없으신 분임에도 우리를 위해 죄가 되신 분이며[76], 마침내 자신의 악을 깨달은 악인들에게 찾아오는 그 최악의 고통, 그 가장 깊은 곳까지 내려가신 분이기 때문입니다. 어떻게 이것이 본래의 혹은 문자적인 의미에서 8절이나 9절과 조화를 이룰 수 없는지, 또 이러한 외견상의 모순이 화자를 그리스도로 이해할 경우 도리어 어떤 진리를 강조해 주는지를 잘 보십시오.

그러나 이러한 고난 시편들에 대해 더 말한다면 그저 장황한 이야기가 될 것입니다. 제가 여기서 다루고 싶은 것은 앞에서도 언급한 바 있는 성탄절 시인 시편 45편에 담긴 풍부한 의미들입니다. 45편은 캐럴이나 심지어 복음서에서도 (쉽게) 얻을 수 없는 성탄의 많은 측면들을 보여 줍니다. 원래 이 시는 분명 어떤 왕의 결혼을 축하하기 위한 송시訟詩였습니다. (오늘날 우리는 특별한 경사를 위해 궁중 시인이 '주문을 받아' 만든 일종의 관변官邊 작품이 좋은 시가 될 수 있다는 사실에 놀라워합니다. 그러나 예술이 정말로 순수했던 시대에는 어느 누구도 우리가 왜 그런 것을 의외라고 생각하는지 이해하지 못할 것입니다. 과거의 위대한 시인, 화가, 음악가들은 모두 '주문을 받아' 위대한 작품을 만들어 낼 수 있었습니다. 오히려 '그렇게 못하는 예술가

---

76) 고린도후서 5장 21절 참조.

들은' 특별한 흥이 일어날 때만 배를 조종할 수 있다는 선장이나 농사를 지을 수 있다는 농부처럼 순 사기꾼 취급을 받았을 것입니다.) 이 시는 하나의 결혼 송가—그리스인들이 말하는 '결혼 축시Epithalamium'—로서 대단히 훌륭합니다. 그러나 이 시는 성육신에 대해 던져 주는 빛으로 인해 훨씬 큰 가치를 갖습니다.

이 시에서든 아가서에서든 전에는 신랑을 그리스도와 동일시하고 신부를 교회와 동일시하는 것이 부자연스럽고 무리한 해석이라고만 느꼈습니다. 정말이지 아가서의 그 노골적이고 에로틱한 시를 우리의 해설 성경에 나오는 교훈적인 설명과 비교하며 읽다 보면 얼굴에 미소가 번지게 마련입니다. 심지어 냉소할 때도 있습니다. 어리숙한 순진함을 가장하고 있는 그 독실한 주석가들의 저의를 간파했다는 듯이 말입니다. 지금도 저는 그 원작자들이 그런 '영적' 의미를 의도했을 거라고는 생각하지 않습니다. 희박한 가능성마저 생각하기 어려운 일입니다. 그러나 그런 영적인 혹은 두 번째 의미를 받아들이는 사람 누구도, 그 원작자들이 의도한 평이한 의미를 부인하거나 조금이라도 부정하지는 (제가 생각하기에는) 않을 것입니다. 이 시는 여전히 화려한 결혼 축시고, 아가서는 여전히 훌륭하며 때로는 정교하기까지 한 사랑의 시라는 사실 자체는 어떤 새로운 의미가 부여되었다고 해서 조금이라도 사라지는 게 아닙니다. (인간이 여전히 영장류의 하나이며, 시가 여전히 흰 종이 위에 표시된 검은 점들이듯이 말입니다.)

그런데 나중에 저는 그 새로운 의미는 전혀 자의적인 것이 아니며, 제가 짐작도 못한 깊은 차원에서 샘솟아 나는 것임을 깨닫게 되었습니다. 첫째, 종교 전통을 초월해 거의 모든 위대한 신비가들—일부는 이교도고 일부는 이슬람교도며 대부분은 그리스도인들—의 언어는 우리에게 다음과 같은 사실을 알려 줍니다. 즉, 결혼이나 성적 연합의 이미지는 하나님과 인간 사이의 복된 연합을 표현해 주는 너무도 자연스러운 수단일 뿐 아니라 거의 필연적인 수단이기도 하다는 것입니다. 이미 '연합'이라는 말 자체가 그것을 말해 주고 있습니다. 둘째, 신랑으로서 신과 신부로서 여신의 '거룩한 결혼'은 여러 형태들의 이교—가장 계몽된 모습으로서 이교가 아닌 가장 종교적이고, 진지하며, 확고한 모습으로서 이교—에서 되풀이되는 주제요 의식儀式입니다. 그런데 만일 그리스도께서 제가 믿고 있듯 이교와 유대교 둘 모두를 초월하심으로써 그 둘 모두를 폐하시고, 동시에 그 둘 모두를 완성하시는 분이라면, 우리는 그분이 이교의 이러한 측면도 완성하실 거라고 기대할 수 있습니다. 이 또한 다른 모든 것처럼 그분 안에서 '통일되어야summed up'[77] 하는 것입니다. 셋째, 이 사상은 조금 다른 형태이지만 유대교 내에도 나타납니다. 신비가들에게 하나님은 각 개인의 영혼의 신랑입니다. 이교도들에게 신은 어머니이자 여신인 대지의 신랑

---

77) 에베소서 1장 9-10절 참조.

인데, 그 둘의 연합은 부족 전체와 가축들에게 다산多産을 가져오므로 결국 어떤 의미에서 신은 그들의 신랑이라고도 할 수 있습니다. 유대교의 생각은 신비가들보다는 이교도들의 생각에 가깝다고 볼 수 있는데, 유대교에서는 이스라엘 민족 전체가 하나님의 신부이기 때문입니다. 이는 구약성경 전체에서 가장 감동적이고 회화적인 장 중 하나인 에스겔 16장에 잘 나타나고 있습니다. 마지막으로, 요한계시록에서는 이 점에서 옛 이스라엘로부터 새 이스라엘로의 전환이 일어나 이제 교회, 곧 '그 신실한 백성들의 복된 무리 전체'가 하나님의 신부가 됩니다. 에스겔서의 그 자격 없는 신부처럼 하나님이 목숨을 구해 주고 씻겨 주고 옷 입혀 주고, 마침내 결혼해 주는 상대는 바로 교회입니다. 이렇게 처음에는 너무도 자의적으로만—너무도 가망 없는 본문들에서도 어떻게든 진부한 교훈을 뽑아내기 위해 안달하는 점잔 빼는 주석가들의 기발한 생각으로만—보였던 그 알레고리를 진지하게 힘껏 당겨 보면, 종교의 전 역사에 뿌리박고 있고, 시가 담겨 있으며, 통찰을 낳는다는 사실이 드러납니다. 지금 이 시대에 즉각적인 호소를 하지 못한다고 해서 그것을 거부하는 것은, 지극히 편협하고 자기 안일에 빠진 우물 안 개구리가 되는 것입니다.

시편 45편은 이런 의미로 읽을 때 성탄절이 본래 갖고 있는 다양한 면들을 되살려 줍니다. 그리스도의 탄생이란 위대한 전사, 위대한 왕이 오신 것입니다. 또 누구도 필적할 수 없는 아름다운 연인, 곧 신랑이 오신 것입니다. 그러나 그분은 단순히 사모하는 분으로서 신랑일 뿐 아니라 씨를 주는 분으로서 신랑, 앞으로 잉태되어 태어날 아이들의 아버지로서 신랑이기도 합니다. (물론 구유에 누운 아기 이미지는 우리에게 왕이나 거인 잡는 용사나 신랑이나 아버지 등을 떠오르게 해 주지 않습니다. 마찬가지로 그것은 영원한 말씀the eternal Word이라는 것[78]도 떠오르게 해 주지 않습니다. 사전에 아무런 지식이 없는 상태에서는 말입니다. 이 모든 것은 [성육신이라는] 동일한 그 핵심적인 역설의 측면입니다.)

시인은 신부를 향해 간곡히 권고합니다.

"네 백성과 네 아버지의 집을 잊어버릴지어다"(10절).

물론 시인의 본래 의도대로 읽는다면 이는 분명 가슴을 저미는 말입니다. 우리는 고향에 대한 향수, 낯선 궁궐 '규방hareem'에서 숨죽여 울고 있는 한 소녀(어쩌면 어린아이), 특히 고대 동양 왕실의 결혼 배후에 깔려 있곤 했던 슬픈 사연 등을 떠올리게 됩니다. 시인은 (이 모두를 잘 아는 사람으로서, 어쩌면 그 자신도 딸이 있는 사람으로서) 그녀를 위로해 줍니다.

"괜찮다, 아가야, 비록 부모를 잃었지만, 이제 머지않아 자녀를 갖게 될 것이란다. 장차 훌륭한 사람들로 자라날 자녀들 말이다."

그러나 이 모두는, 그 신부를 교회로 볼 때 역시 가슴 저리고 피

---

78) 주님의 탄생을 영원한 말씀(로고스)이 이 땅에 온 것으로 보는 요한복음 서두 참조.

부에 와 닿습니다.

소명이란 혹독한 것입니다. 자연적인 삶에서 초자연적인 삶으로 부름받아 나오는 것은, 처음에는(꼭 처음이 아닐 수도 있습니다. 이별의 고통은 시간이 조금 흐른 후에 느낄 수도 있으니까요) 큰 대가가 요구되는 영예입니다. 같은 자연적인 삶에서 다른 삶을 살도록 부름받는 것도 이득뿐 아니라 상실이 따르는 법입니다. 인간에게는 다른 영장류들에게는 없는 온갖 어려움과 슬픔들이 있습니다. 그러나 더 높은 차원으로 부름받아 올라가는 일에는 더 큰 대가가 요구됩니다. 하나님은 "너는 너의 고향과 친척과 아버지의 집을 떠나 내가 네게 보여 줄 땅으로 가라"고 아브라함에게 말씀하셨습니다(창 12:1). 이는 가혹한 명령입니다. 지금까지 네가 알던 모든 것들을 뒤로하고 떠나라는 명령인 것입니다. 아브라함에게 주어진 위로는(그 순간 그것이 위로가 되었는지는 모르겠지만) 시편 기자가 신부를 위로하는 것과 대단히 유사합니다.

"내가 너로 큰 민족을 이루게 하겠다."

'떠나라'는 명령은 예수님에 의해서도 혹독하게 반복됩니다. 가히 악화되었다고 할 수도 있습니다.

"자기 부모와 자기 목숨까지 미워하라."[79]

여기서 주님은 예의 그 격언조의 역설적인 방식으로 말씀하고

---

79) 누가복음 14장 26절 참조.

계십니다. (단조로운 산문적 의미에서) 미워하라고 명령하시는 것이 아니라, 그런 혹독한 선택을 할 수밖에 없는 기로에 섰을 때는 자신의 자연적 권리라고 해도 결연하고 가차 없이 거절할 수 있어야 한다는 의미입니다. (그런 기로에 서게 되는 경우라 해도, 이 말씀은 읽을 때 등골이 오싹해지는 사람들에게만 유익이 되는 말씀이라고 생각합니다. 자기 부모를 미워하기가 너무 쉬운 사람, 자기 어머니를 미워하지 않으려고 평생 씨름하고 있는 사람이라면 아마 이 말씀을 멀리하는 편이 최선일 것입니다.) 시편 45편의 이 알레고리에서 신부는 남편과의 포옹(동침)에서 위로를 받는(신비가들은 그렇게 말하지만) 것이 아니라 출산을 통해 위로를 받습니다. 만약 그녀에게 출산이 없다면, 즉 성도聖徒와 성결한 삶의 산모가 되지 못한다면 아마 그 결혼은 하나의 환상이었다고 생각해도 좋을 것입니다. 왜냐하면 '신과의 포옹(동침)은 결코 열매가 없을 수 없기' 때문입니다.

시편 8편이 승천절Ascension Day 본문으로 채택된 것도 신약성경에 나오는 한 해석에 근거를 두고 있습니다. 표면적으로는 이 짧고 우아한 서정시의 의미는 지극히 단순합니다. 사람에 대한, 자연 속에서 사람이 차지하고 있는 위치에 대한(소포클레스Sophocles[80]의 작품에도 이와 유사한 내용의 합창부가 있습니다), 그리고 그렇게 정하신 하나님에 대한 경탄의 표현입니다. 하나님은 용사 혹은

---

80) BC 496-406. 고대 그리스의 비극 작가.

'심판자'로서, 창조자로서 경탄할 만한 분입니다. 눈을 들어 하늘을 바라볼 때, 그분이 만드신 모든 별들을 바라볼 때, 그분이 인간과 같은 미미한 존재들에게 관심을 갖고 계시다는 사실이 의아하게 느껴집니다. 그렇지만 사실 그분은 비록 우리를 천상의 존재들에 비해 열등한 존재로 만드셨지만, 이곳 지상에서 우리에게 엄청난 영예를 주셨습니다. 우리를 다른 모든 창조물들을 다스리는 주인으로 만드셨습니다. 그런데 히브리서의 기자는 이 구절에서 우리 스스로가 결코 생각하지 못했을 어떤 의미를 읽고 있습니다(히 2:6-9). 시편 8편의 기자는 "주의 손으로 만드신 것을 다스리게 하시고 만물을 그(사람)의 발 아래 두셨으니"(6절)라고 했습니다. 그런데 히브리서의 기자는 우주의 현 상태를 보면 엄밀하게 말해 이는 참이 아니라고 말합니다. 현재 인간은 짐승들, 독초들, 날씨, 지진 등에 의해 큰 해를 당할 때도 있고 죽음을 당할 때도 있기 때문입니다. 시적 표현에 불과한 말을 마치 보편적·과학적 진술로서 의도된 말인 양 취급하는 것이 우리에게는 그저 짓궂은 말꼬리 잡기로 보일 수도 있습니다. 그러나 우리가 그 주석가가 "이는 현재에 대한 말로서는 참이 아니다. 그런데 성경의 모든 말은 반드시 참이다. 그러므로 이 말은 분명 미래에 일어날 일을 가리키는 것임에 틀림없다"는 식이 아니라, "물론 이 말은 시인이 의도한 그런 시적인—따라서 논리적으로는 치밀하지 못한—의미에서는 참이다. 그러나 만일 그것이 그 시인 자신이 알았던 것보다 훨씬 큰 진실을 담은 말이었다면 어떻겠는가?"라고 주장하는 모습을 떠올려 볼 때 그의 관점에 가장 가까이 간 것입니다. 이는 지금 우리의 사고 습관에서 더 용이한 길을 통해 그가 생각한 진짜 의미―제 표현으로는 '더 높은 의미', 즉 그 시인의 말 위에 얹어진 새롭고 중요한 의미―로 우리를 인도해 줄 것입니다. 그리스도는 천국으로 승천해 올라가셨습니다. 그리고 때가 되면 모든 것들이, 정말 말 그대로 모든 것들이 그분에게 복종하게 될 것입니다.[81] 비록 (잠시 동안) '천사들보다 조금 못하게' 되었지만, 죽음과 (죽음의 수호자인) 마귀를 포함한 모든 것들을 다 정복하고 다스리게 될 분은 바로 그분이십니다.

이는 지나친 알레고리로 보일 수도 있습니다. 그러나 고린도전서 15장 20-28절에서 성 바울이 염두에 두고 있는 것도 바로 이것입니다. 이는 히브리서의 그 말씀과 더불어 이런 해석이 가장 초기의 기독교 전통에서부터 이미 확고하게 자리 잡고 있었음을 확신하게 해 줍니다. 어쩌면 이는 우리 주님으로부터 전해 내려온 해석일 수도 있습니다. 무엇보다도 주님이 자신을 가리키는 말 중에 가장 좋아하셨던 표현이 바로 '인자'였기 때문입니다. '바벨론의 딸'이 바벨론을 의미하듯, '인자'(사람의 아들)란 사람, 원형적인 archetypal 사람을 뜻합니다. 그의 고통과 부활과 승리를 (그들이

---

81) 고린도전서 15장 28절 참조.

거절만 하지 않는다면) 함께 나눌 수 있는 사람 말입니다.

현대의 그리스도인들이 반드시 기억해야 할 한 가지가 바로 이 것이라고 생각합니다. 지금껏 저는 영광 중에, 영원 속에 계신 그리스도의 인성—거기서 그대로 존속되며 폐기되지 않는—에 대해 환호가 터져 나올 듯이 감동하는 사람을 만나 보지 못한 것 같습니다. 우리는 너무 성탄절에만 그리스도의 인성을 강조하며, 부활 이후에는 그분의 신성만 강조하고 있습니다. 마치 그리스도가 한 때는 사람이셨지만, 그 후에는 오로지 하나님이기만 한 존재로 되돌아가신 듯이 말입니다. 우리는 부활과 승천을 하나님의 위대한 행위로는 생각하면서(옳은 생각입니다만), 사람의 승리라고는 그다지 생각하지 않습니다. 시편 8편에 대한 그 옛날의 해석은(어떻게 해서 얻어진 것이든), 이를 바로잡아 주는 반가운 방책입니다. 또 더 깊이 생각해 보면 우주 속에서 인간의 위치(그 위대함과 보잘것없음, 그 미천한 기원과 놀라운—자연적인 차원에서만 보아도—운명)와 그리스도의 낮아짐과 승리 사이에 있는 유비성analogy은 결코 억지나 무리가 아닙니다. 적어도 제게는 그렇게 보이지 않습니다. 앞에서 이미 얘기한 것처럼 동물성animality을 인간 속으로 들어 올리는 것과 인간을 하나님 속으로 들어 올리는 것 사이에는 유비성 이상의 무언가가 있어 보입니다.

그런데 지금 저는 너무 경탄한 나머지 분수를 넘는 이야기를 하고 있는 것 같습니다. 이제 조금 더 단순한 문제들을 잠시 살펴본

후에 결론을 내려야 할 것 같습니다.

먼저 시편에 등장하는 자기 의로 보이는(물론 많은 경우 사실이 그
러하겠지만) 구절들입니다.

"주께서…… 나를 감찰하셨으나 흠을 찾지 못하셨사오니"
(17:3),

"내가 나의 완전함에 행하였사오며"(26:1),

"나는 경건하오니 내 영혼을 보존하소서"(86:2).

여기서 화자는 개인이 아니라 대부분 이스라엘 전체, 아니 이스
라엘 내에서도 신실한 남은 자들the remnant을 가리킨다는 개연
성 있는 설명을 들려준다 해도, 여전히 많은 이들은 문제가 많이
해결된다고 생각하지 않을 것입니다. 그럼에도 그렇게 보면 약간
달라지는 것도 사실입니다. 그 남은 자들은 어느 정도까지 주변 이
교 문화들과 비교해 볼 때 거룩하고 무죄한 사람들이었습니다. 그
들은 부당한 벌을 받았고, 그것도 가당찮은 손들을 통해 그런 벌을
받았다는 의미에서 흔히 '무죄한 수난자'로 불렸습니다. 물론 진
실로 거룩하고 무죄한 수난자가 장차 올 예정이었습니다. 플라톤
이 말한 그 가상의 경우가 장차 현실이 될 예정이었습니다. 그런
모든 주장들이 주님의 입에서 진실이 될 예정이었습니다. 그렇기
에 꼭 필요한 주장들이었습니다. 이 세상에서는 완벽하고 보복하
지 않으며 용서를 베푸는 무죄성이 사랑 대신 폭도들의 욕설과 죽
음으로 이어질 수 있다는 교훈은 없어서는 안 되기 때문입니다. 따

라서 그리스도인은 시편에서 그런 구절들을 읽으면서 주님의 음성을 듣습니다. 이는 우리로서는 당연한 일이며, 그렇게 하지 않는다면 도리어 쟁점을 모호하게 만들 것입니다. 왜냐하면 주님이 친히 자신에게는 아무 죄도 없다고 주장하셨기 때문입니다. (사실 이는 그분의 신성에 대한 결코 작지 않은 논증입니다. 왜냐하면 그분은, 심지어 기독교 대적자들의 눈에도 오만한 분으로 비춰지는 경우가 별로 없기 때문입니다. 그들도 "나는 마음이 온유하고 겸손하다"[82]라는 그분의 주장을 우리의 예상과 달리 대개 별 무리 없이 받아들입니다. 그러나 그분은 [성육신이라는] 한 가지 가정을 제외하면, 망상증 환자의 오만함으로 보일 수밖에 없는 주장들을 하셨습니다. 마치 그런 가정이 거부되는 곳에서도, 그 진리를 내포하고 있는 실재가 조금이라도 전해지기를 원하셨던 것처럼 말입니다.)

저주를 담고 있는 시편들의 경우, 우리들 대다수는 실제로 그 시들을 나름의 도덕적 알레고리를 통해 읽고 있다고 생각합니다. 그런 알레고리들이 개인적인 것이요, 지금껏 우리가 다룬 고차원적인 문제들과는 사뭇 다르다는 점을 충분히 인식하면서 말입니다. 우리는 철저히 증오해야 하는 대상이 무엇인지 알고 있습니다. 악惡, 특히 우리 자신의 악이 그것입니다. 그래서 시편 36편은 "내 마음이, 내게 악인이 품고 있는 악이 어떤 것인지를 알게 해

---

82) 마태복음 11장 29절 참조.

주었다"라고 말하고 있습니다. 즉, 우리 각자는 자신의 마음이야말로 자신이 가장 잘 아는 악의 표본이라는 사실을 자기 반성을 통해 알 수 있습니다. 이후에 터져 나오는 5절 말씀, 하늘처럼 높은 자비와 산처럼 견고한 의를 향한 비상은 우리에게 큰 감동과 아름다움으로 다가옵니다.

이러한 관점을 통해 저는 바위에 바벨론의 갓난아기들을 메어 치라고 말하는 시편 137편의 그 끔찍한 구절도 활용할 수 있습니다. 저는 제 내면세계에 있는 갓난아기 같은 것들을 알고 있습니다. 어느 날 알코올 중독이나 뿌리 깊은 증오심으로 자랄 수도 있는, 유아기 단계의 사소한 방종들이나 사소한 원한들 말입니다. 늘 우리에게 매달려 졸라 대고 애교를 부리는 그것들은 어찌나 자그마하고 연약해 보이는지, 그것들을 거부하면 마치 동물을 학대하는 것 같은 느낌이 들 정도입니다. 그들은 늘 우리에게 칭얼댑니다. "많은 걸 바라는 건 아니에요. 다만⋯⋯", "최소한 이 정도는 해 주실 줄 알았어요", "한번 생각은 해 볼 수 있잖아요"라고 말입니다. 137편에는 그런 온갖 귀여운 아이들과 맞서는(그것들의 애교는 당해 내기 어렵습니다) 최선의 방법이 제시되어 있습니다. 곧 "그 조그만 녀석들의 뇌를 깨부수어라"고 합니다. 그렇게 할 수 있는 사람은 '복된' 사람입니다.[83] 왜냐하면 그렇게 하기란 결코 말처럼

---

83) 시편 137편 9절 참조. "네 어린 것들을 바위에 메어치는 자는 복이 있으리로다."

쉬운 일이 아니기 때문입니다.

전승傳承에 따른 자극 없이도 두 번째 의미가 독자에게 필연적으로 떠오르는 경우들도 있습니다. 시편 84편에서 시인이 "주의 궁정에서의 한 날이 다른 곳에서의 천 날보다 나은즉 악인의 장막에 사는 것보다 내 하나님의 성전 문지기로 있는 것이 좋사오니"(10절)라고 말했을 때, 그 말의 의미는 분명 궁정에서 보내는 한 날이 다른 곳에서 보내는 천 날보다 낫다는 것이었습니다.

그런데 이 구절을 읽으면서, 제가 아는 한 구약성경은 도달하지 못한 어떤 사상 하나를 떠올리지 않을 수 없습니다. 신약성경은 옛 말에 새로운 무게를 더하는 방식이 아니라 그저 말을 덧붙여 말하는 방식으로 그 사상을 솜씨 있게 소개해 주고 있습니다. 시편 90편 4절은 하나님께는 천 년이 어제 하루 같다고 말합니다. 그런데 베드로후서 3장 8절은—형이상학적 신학을 기대할 수 있는 곳이 전혀 아님에도 불구하고—천 년이 하루 같다는 말에 덧붙여 "하루가 천 년 같다"라고 말하고 있습니다. 시편 기자의 말은 아마도 하나님은 영세무궁하시다는 뜻, 즉 그분의 생명은 시간상으로 무한하다는 뜻이었을 것입니다.

그런데 베드로의 서신서는 우리를 완전히 그러한 시간의 흐름 밖으로 데리고 나갑니다. 어떤 것도 하나님보다 오래 지속될 수 없듯이, 어떤 것도 하나님으로부터 빠져나와 과거 속으로 흘러들어 갈 수 없다는 것입니다. 시간의 초월성timelessness을 영원한 현재

eternal present로 생각하는 후대의 개념(플라톤은 이미 도달했지만 기독교 사상의 경우 나중에 정립된)이 이미 이루어진 것입니다. 이때부터는 분명 어떤 이들에게는 천 년보다 더 나은 그 '한 날'은 이중의 의미를 가진 것입니다.

우리는 지금 우리가 말하는 하루, (아마 그보다는) 1분, 1초 속에서 영원을 만날 수 있을 것입니다. 그때 우리는 길든 짧든 시간의 길이로는 계량할 수 없는 무엇을 접한 것입니다. 그래서 우리에게는 시간으로부터─완전히는 아니더라도(이는 우리 인간에게는 맞지 않을 것입니다), 그 횡포와 단선적unlinear 빈곤으로부터─마침내 벗어난 삶, 시간의 지배를 받지 않고 도리어 시간을 지배하는 삶을 향한 소망이 생겨난 것입니다. 그래서 [시간의] 단순한 연속성이나 무상함이 우리에게 주는, 행복할 때와 불행할 때를 거의 가리지 않는 쓰라린 상처(인간이 태어날 때부터 가지고 있는 상처)가 마침내 치유되는 삶을 향한 소망이 생겨난 것입니다. 그런데 지금 우리는 얼마나 시간과 불화하고 있는지 시간에 대해 경악하기까지 합니다.

"아니, 벌써 그렇게 자랐다니!"

우리는 소리칩니다.

"아! 시간이 어찌나 쏜살같은지!"

인간사의 보편적인 이치인데도, 그것이 거듭거듭 신기하다는 듯이 말입니다. 이는 마치 물고기가 물의 물기에 거듭거듭 놀라는

것처럼 이상한 일입니다. 그리고 그 물고기의 운명이 언젠가 육지
동물이 되는 것이 아니라면 그것은 정말 이상하기 그지없는 일입
니다.

옮긴이 **이종태**

한국외국어대학교 영어과를 졸업하고 장신대 신학대학원에서 신학을 공부했다. 미국 버클리 GTU(Graduate Theological Union)에서 기독교 영성학으로 철학박사(Ph. D.) 학위를 받았다. 《순전한 기독교》, 《고통의 문제》, 《시편 사색》, 《네 가지 사랑》, 《인간 폐지》(이상 홍성사), 《다윗: 현실에 뿌리박은 영성》, 《가르침과 배움의 영성》(이상 IVP), 《메시지 예언서》(복있는 사람) 등 다수의 책을 번역했다.

시편 사색

Reflections on the Psalms

지은이 C. S. 루이스
옮긴이 이종태
펴낸곳 주식회사 홍성사
펴낸이 정애주
국효숙 김의연 박혜란 송민규 오민택 임영주 차길환

2004. 11. 24. 양장 1쇄 발행 2018. 5. 18. 양장 15쇄 발행
2019. 4. 5. 무선 1쇄 발행 2025. 4. 15. 무선 10쇄 발행

등록번호 제1-499호 1977. 8. 1.
주소 (04084) 서울시 마포구 양화진4길 3
전화 02) 333-5161 팩스 02) 333-5165
홈페이지 hongsungsa.com 이메일 hsbooks@hongsungsa.com
페이스북 facebook.com/hongsungsa
양화진책방 02) 333-5161